继承精神财富 | 践行使命担当 | 成就伟大梦想

做党的光荣传统和优良作风的
忠实传人

李松 ◎ 著

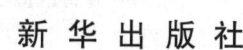

新华出版社

图书在版编目（CIP）数据

做党的光荣传统和优良作风的忠实传人 / 李松著.
-- 北京：新华出版社，2021.3（2025.2重印）
ISBN 978-7-5166-5717-1

Ⅰ.①做… Ⅱ.①李… Ⅲ.①中国共产党－党的作风－学习参考资料
Ⅳ.①D261.3

中国版本图书馆CIP数据核字（2021）第045039号

做党的光荣传统和优良作风的忠实传人

作　　者：李　松	
选题策划：赵怀志	封面设计：刘宝龙
责任编辑：赵怀志　祝玉婷	

出版发行：新华出版社
地　　址：北京石景山区京原路8号　　邮　　编：100040
网　　址：http://www.xinhuapub.com
经　　销：新华书店、新华出版社天猫旗舰店、京东旗舰店及各大网店
购书热线：010－63077122　　中国新闻书店购书热线：010－63072012
照　　排：六合方圆
印　　刷：大厂回族自治县众邦印务有限公司
成品尺寸：170mm×240mm
印　　张：15　　　　　　　　　　　字　　数：210千字
版　　次：2021年4月第一版　　　　印　　次：2025年2月第二次印刷
书　　号：ISBN 978-7-5166-5717-1
定　　价：48.00元

版权专有，侵权必究。如有质量问题，请与出版社联系调换：010-63077124

开篇语 百年大党的精神财富

"不论过去、现在还是将来，党的光荣传统和优良作风都是激励我们不畏艰难、勇往直前的宝贵精神财富。"

2021年3月1日，在全党集中开展党史学习教育之际，习近平总书记在2021年春季学期中央党校（国家行政学院）中青年干部培训班开班式上发表重要讲话，勉励年轻干部立志做党的光荣传统和优良作风的忠实传人、在新时代新征程中奋勇争先建功立业。

这次重要讲话，习近平总书记对党的光荣传统和优良作风进行了精妙总结，对深刻内涵作出细致阐释，内容丰富。

做党的光荣传统和
优良作风的忠实传人

一

新时代年轻干部如何做好忠实传人？习近平总书记提出六方面要求——

"对党忠诚，是共产党人首要的政治品质。"习近平总书记强调，对党忠诚，必须一心一意、一以贯之，必须表里如一、知行合一，任何时候任何情况下都不改其心、不移其志、不毁其节。

习近平总书记要求年轻干部要坚持"理论联系实际"。他指出，我们党的历史反复证明，什么时候理论联系实际坚持得好，党和人民事业就能够不断取得胜利；反之，党和人民事业就会受到损失，甚至出现严重曲折。

围绕坚持把人民放在心中最高位置，习近平总书记叮嘱年轻干部，首先要解决好"我是谁、为了谁、依靠谁"的问题，不断追求"我将无我，不负人民"的精神境界。

"我们共产党人开展自我批评，根本动力来自党性，来自对党和人民事业高度负责的精神。"习近平总书记强调，要涵养虚心接受批评的胸怀和气度，胸襟开阔、诚恳接受，有则改之、无则加勉。

习近平总书记还提出，年轻干部要自觉加强斗争历练，在斗争中学会斗争，在斗争中成长提高，努力成为敢于斗争、善于斗争的勇士。

节俭朴素，力戒奢靡，是我们党的传家宝。习近平总书记指出，现在，我们生活条件好了，但艰苦奋斗的精神一点都不能少，必须坚持以俭修身、以俭兴业，坚持厉行节约、勤俭办一切事情。

二

"欲知大道，必先知史。"如果要清楚中国共产党为何能够从弱小变为强大,从而战胜各种困难和风险,取得革命、建设和改革开放的伟大胜利,就不能不用历史和现实的眼光,洞察中国共产党壮大的发展历程。

回顾百年历程,历史的追光始终跟随着浙江嘉兴南湖上的一艘红船。

1921年7月30日晚,中共一大最后一天的会议从上海石库门转移到这艘游船上,讨论并通过了党的第一个纲领,庄严宣告中国共产党的诞生。那一天,船上或穿长衫或穿西装的青年人庄严起立,在摇橹声中低沉呼喊:"中国共产党万岁!""共产主义——人类的解放者万岁!"

"雄关漫道真如铁,而今迈步从头越。"从石库门到天安门,从兴业路到复兴路,百年来,中国共产党秉持为中国人民谋幸福的初心、为中华民族谋复兴的使命,不畏艰难险阻,不惧流血牺牲,团结带领人民浴血奋斗、发愤图强、改革开放,中华民族迎来了从站起来、富起来到强起来的伟大飞跃。

中国的奇迹,始终与中国共产党的核心特质紧密相连,很重要的一条就是我们党在长期实践中培育并坚持了一整套光荣传统和优良作风——对党忠诚,坚持理论联系实际,坚持密切联系群众,用好批评和自我批评这个武器,敢于斗争善于斗争,永远艰苦奋斗,这些光荣传统和优良作风是我们党性质和宗旨的集中体现,是我们党区别于其他政党的显著标志。

三

早在井冈山时期,中国共产党就提出了"三大纪律八项注意",从"不拿群众一针一线"、说话和气、买卖公平等最简明朴素的作风和纪律做起,造就出一支秋毫无犯的人民军队。延安时期,毛泽东将党在长期革命斗争中形成的一整套优良作风,高度概括为"理论联系实际、密切联系群众、批评与自我批评"三大作风。西柏坡时期,面对即将到来的重大胜利,

做党的光荣传统和
优良作风的忠实传人

毛泽东在党的七届二中全会上又郑重提出"务必使同志们继续地保持谦虚、谨慎、不骄、不躁的作风,务必使同志们继续地保持艰苦奋斗的作风"的谆谆告诫。

中国共产党的光荣传统和优良作风,是为中国共产党的发展壮大提供取之不尽用之不竭的力量源泉,对推进不同时期中国共产党的建设发挥了重要作用。但是,在长期革命斗争和探索社会主义现代化建设过程中,我们的党也曾一度偏离甚至丢掉党的一些光荣传统和优良作风,结果走了弯路,让事业蒙受巨大损失。而中国共产党历史上的一次次整风运动,无不与此密切相关。其唯一目的都是使广大干部通过整风"惩前毖后,治病救人",然后放下包袱,轻装上阵,从而永葆党的先进性,以争取更多人民群众的支持。

1941年5月至1945年4月开展的延安整风运动,是中国共产党党史上的重要阶段。延安整风的主要内容和主要任务是"反对主观主义以整顿学风,反对宗派主义以整顿党风,反对党八股以整顿文风"。延安整风有力地促进了马克思主义作风的形成。到中华人民共和国成立前夕,以毛泽东为代表的中国共产党人,坚持和发扬了共产党人的革命作风,形成了中国共产党党风建设的理论。

中国共产党执政以后,对如何加强党的作风建设一向十分重视。尤其是党的十一届三中全会以后,在实现党内生活民主化制度化大环境下,邓小平提出了党的作风建设制度化的问题。邓小平指出:"制度问题不解决,思想作风问题也解决不了。"中国共产党的作风建设,开始探索怎样走制度化的道路。

此后,中央陆续提出必须"注重制度建设和创新",建立"决策、执行、监督相协调"的"权力制衡"机制,"从决策和执行等环节加强对权力的监督","重点加强对领导干部特别是主要领导干部的监督"。

改革开放以来,中国共产党面临的形势和任务在不断地发生变化,我们在充分肯定党风廉政建设取得成绩的同时，也要清醒地看到，在少数地方、部门和领导干部中，有的表里不一、知行不一，心灵空虚、假大空；有的说话办事浮于表面，昏昏然、飘飘然，心神不定；有的站在人民之上或人民之外，而不是站在人民之中，对群众的"急难愁盼"不用心不用情不用力；有的不习惯批评和自我批评，陶醉于鲜花和掌声；还有的贪图享乐、玩物丧志；等等。

"子规夜半犹啼血，不信东风唤不回。"党的十八大以来，铁腕反腐、刮骨疗毒，党内政治生态持续好转，党的光荣传统和优良作风得到传承。但"冰冻三尺，非一日之寒"，一些不良的东西仍积习难改、积弊难除。

四

当今世界，百年未有之大变局正加速演进，我国正处在实现中华民族伟大复兴的关键时期，全面建成小康社会取得伟大历史性成就，脱贫攻坚战取得全面胜利，全面建设社会主义现代化国家新征程顺利开启，同时我们在前进道路上还面临着许多难关和挑战。风险越大、挑战越多、任务越重，越要加强党的作风建设，以好的作风振奋精神、激发斗志、树立形象、赢得民心。

年轻干部是党和国家事业接班人，必须立志做党的光荣传统和优良作风的忠实传人。这就要求年轻干部既"接棒"，又"传棒"，既"接得住"，又"传得下"。一方面，靠清醒和自觉。要正确看待党的光荣传统和优良作风，它不过时、不抽象，它是历史的又是现实的，而且永远在路上。对党的一整套光荣传统和优良作风，要真信真懂、真接真传。

另一方面，靠执着和坚定。要立下志向不动摇、不懈怠，不断增强意志力、坚忍力、自制力。让党的光荣传统和优良作风一代又一代地传承下去，得保持耐心、笃定前行，不为诱惑带节奏，不被杂音带偏航。

　　本人撰写《做党的光荣传统和优良作风的忠实传人》一书，旨在围绕习近平总书记提出的六方面要求，以经典的案例、真实的背景、生动的细节、朴实的语言，回顾党的光荣传统和优良作风的形成，进而诠释一代代接力传承的重要性和必要性，以期进一步增强广大党员干部，尤其是青年干部的危机意识和忧患意识，并在传承光荣传统和优良作风中践行党的初心和使命。

　　在成书过程中，本人从多维度的视角出发，既洞察历史，又贴近现实，并引用和参考了学术界、理论界的一些研究成果，引用和参考了部分媒体报道案例，所引用的内容在书中已作了注明，不一一列举。在此，特向被引用著作、文章的作者致以崇高的敬意，并表示衷心的感谢！

　　鉴于本人水平有限和时间仓促，本书难免疏漏，不足之处恳请读者给予批评指正。我的电子邮箱：xhslisong@163.com。

李　松

2021年3月20日于北京

目　录
CONTENTS

第一章　对党忠诚是中国共产党人首要的政治品质 / 1

　　一、入党誓词主音符万变不离其"忠" / 2

　　二、共产党人以生命诠释"永不叛党" / 7

　　三、"狱中八条"的警示意义 / 21

　　四、伪忠诚无异于背叛 / 29

　　五、以担当诠释忠诚以实干践行使命 / 34

第二章　理论联系实际是中国共产党的根本学习方法 / 39

　　一、马克思主义中国化不断与时俱进 / 41

　　二、从"农村包围城市"另辟蹊径 / 48

　　三、"没有调查，就没有发言权" / 56

　　四、中央党校的著名校训——实事求是 / 60

　　五、第五次反"围剿"为什么失败 / 64

　　六、"大跃进"的历史教训 / 67

　　七、真理标准讨论是实事求是的回归 / 71

　　八、"中国的事情须按中国实际来办" / 75

第三章　密切联系群众是中国共产党的力量源泉 / 85

　　一、"淮海战役的胜利，是人民群众用小推车推出来的" / 86

　　二、中国共产党永远把人民写在自己的旗帜上 / 95

三、以人民的根本利益为出发点和归宿 / 101

四、"干部好不好，老百姓说了算" / 110

五、脱离人民群众是最大的危险 / 115

六、永远做人民群众的普通一员 / 121

七、恪守党的初心密切联系群众 / 127

第四章 批评与自我批评是中国共产党强身健体的良药 / 131

一、"房子是应该经常打扫的，不打扫就会积满了灰尘" / 132

二、共产党是不怕批评的 / 138

三、历史在批评与自我批评中拐弯 / 146

四、民主生活的历史传承 / 152

五、恢复批评与自我批评的"利器"本色 / 161

第五章 勇于斗争是中国共产党的鲜明品格 / 171

一、敢于斗争善于斗争才能赢得胜利赢得尊严 / 173

二、中国共产党斗争精神蕴含的为民本色 / 179

三、新时代党员干部仍需要斗争精神 / 183

四、发扬斗争精神必须有胆有识有谋 / 187

第六章 艰苦奋斗是中国共产党的创业精神 / 191

一、中国共产党是靠艰苦奋斗起家的 / 193

二、延安成为"中国的希望" / 200

三、"贪污和浪费是极大的犯罪" / 205

四、"只要我当一天总理，就不盖政府大楼" / 216

五、奢靡之风有损中国共产党的执政基础 / 219

六、年轻干部要接过艰苦奋斗的接力棒 / 225

主要参考书目及文献 / 229

第一章 对党忠诚

是中国共产党人首要的政治品质

  我们党一路走来，经历了无数艰险和磨难，但任何困难都没有压垮我们，任何敌人都没能打倒我们，靠的就是千千万万党员的忠诚。对党忠诚，必须一心一意、一以贯之，必须表里如一、知行合一，任何时候任何情况下都不改其心、不移其志、不毁其节。年轻干部要以先辈先烈为镜、以反面典型为戒，不断筑牢信仰之基、补足精神之钙、把稳思想之舵，以坚定的理想信念砥砺对党的赤诚忠心。

  ——习近平总书记2021年3月1日在2021年春季学期中央党校（国家行政学院）中青年干部培训班开班式上的重要讲话

做党的光荣传统和
优良作风的忠实传人

"天下至德，莫大乎忠。"做一个合格的共产党人，忠诚是必不可少的标配。

中国共产党是中国特色社会主义事业的领导核心，党之所以坚强有力，关键在于全体党员对党忠诚。回望百年历程，一代又一代中国共产党人顽强拼搏、不懈奋斗，涌现出一大批视死如归的革命烈士、一大批顽强奋斗的英雄人物、一大批忘我奉献的先进模范，他们把对党忠诚作为砥砺前行的座右铭、大义凛然的正气歌，成为时代先锋、民族脊梁，永远为人民所铭记、所颂扬。

历史证明，对党忠诚是团结一致的"聚合剂"，是党的力量的"倍增器"，是我们党始终保持蓬勃朝气、不断从胜利走向胜利的秘诀之一。

"对党忠诚，是共产党人首要的政治品质。"习近平总书记2021年3月1日在2021年春季学期中央党校（国家行政学院）中青年干部培训班开班式上发表重要讲话强调，要自觉加强政治历练，接受严格的党内政治生活淬炼，不断提高政治判断力、政治领悟力、政治执行力，使自己的政治能力同担任的工作职责相匹配。要立志为党分忧、为国尽责、为民奉献，勇于担苦、担难、担重、担险，以实际行动诠释对党的忠诚。

一、入党誓词主音符万变不离其"忠"

一个震撼人心的画面持续传播——

2017年10月31日上午，在中共一大会址，面对鲜红的党旗，习近平总书记带领其他中共中央政治局常委同志一起重温入党誓词。"我志愿加入中国共产党，拥护党的纲领，遵守党的章程……"黄钟大吕，字字铿锵，宣示了新一届中央领导集体的坚定政治信念，凝聚起全党担当使命、矢志奋斗的磅礴力量。

重温入党誓词后，习近平总书记强调："入党誓词字数不多，记住并不难，难的是终身坚守。每个党员要牢记入党誓词，经常加以对照，坚定不移，终生不渝。"这一谆谆教诲，应时常回响在全体党员耳畔。

革命战争年代，有了赤胆忠心，才有"砍头不要紧，只要主义真"的无畏，才有腹中满是草、饿死不变节的骨气，才有竹签钉十指、痛彻心扉不叛党的坚贞。

今天，是否把入党誓词刻印在心里，矢志不渝地坚守，检验的标准依然是对党是否忠诚。"本根不摇，则枝叶茂荣。"坚守入党誓词这一根本，就会对党忠诚，对党的事业忠诚。党员时刻用入党誓词约束自己、鞭策自己，才能牢固树立党的意识、党员意识、党章党规意识，牢记自己的第一身份是党员、第一职责是为党工作，做到任何时候都与党同心同德。

誓言铮铮、其心拳拳，决不可轻、决不可违。入党誓词既规定了广大党员应追求的"高标准"，又规定了应守住的底线。"一语不能践，万卷徒空虚。"

入党誓词是《中国共产党章程》的重要内容，是党员入党时对党和人民作出的庄严政治承诺，是党员为党奋斗终生、献身党的事业的誓言和座右铭。宣读誓词、牢记誓词、维护誓词、践行誓词是党对每一名党员干部的基本要求。

事实上，现行党章中的入党誓词并不是建党之初就已确定的，而是我们党在革命、建设、改革各时期的实践经验中不断总结提炼出来的，但不同历史时期具有不同特色的入党誓词主音符万变不离其"忠"。

在建党初期，尚处于幼年的党，各方面组织都不够健全，因此入党誓词也没有统一的标准，多为基层党组织或党员自拟。

1926年毛泽东主办第六届广州农民运动讲习所时，王首道的入党誓词是："服从纪律，牺牲个人；努力革命，阶级斗争；严守机密，永不叛党。"

井冈山革命博物馆，这是为纪念中国共产党创建的第一个农村革命

根据地——井冈山革命根据地而建的革命史类博物馆。

在展柜中,珍藏着一块已经褪了色的红色织布(原件收藏于中国国家博物馆)。织布中央,从右到左、从上到下写着"牺牲个人,严守秘密,阶级斗争,努力革命,服从党旗,永不叛党"24个字。1931年,江西省永新县北田村一个名叫贺页朵的农民,在自家榨油坊昏暗的桐油灯的映照下,怀着加入中国共产党的满腔热血,在一块红布上郑重地写下了这份入党宣誓书。

这是中国共产党历史上现存的最早的一份入党誓词。

因为革命环境和重大使命,这一时期入党誓词版本不尽相同,但主题鲜明、重点突出、短小精悍、言简意赅,反映了当时党所处的险象丛生、复杂多变的革命斗争环境,突出强调要严守党的秘密,服从党的组织和纪律。其中,"牺牲个人"和"永不叛党"是这一时期入党誓词的核心。

抗日战争爆发后,出于革命形势任务需要,党需要大量发展党员。1938年底,全国的党员人数从4万多增加到50多万。面对大量来源不同、成分复杂的新党员,如何加强教育和管理成为各级党组织的一项重要任务。入党誓词作为加强党员党性教育的有力抓手,受到党组织的重视,有了相对固定的模式:

我宣誓:一、终身为共产主义事业奋斗;二、党的利益高于一切;三、遵守党的纪律;四、不怕困难,永远为党工作;五、要作群众的模范;六、保守党的秘密;七、对党有信心;八、百折不挠,永不叛党。(中共中央组织部规定)谨誓。

这作为这一时期标准的入党誓词,被各地党组织翻印,流传比较广泛。

从入党誓词内容来看,不再强调"阶级斗争",而是强调"要作群众的模范"和"对党有信心"。其思想更加饱满、内容更加丰富、要求更加具体，反映了党当时团结带领广大人民群众为争取抗日战争最后胜利而不懈奋斗的坚定决心和英雄气概。这为后来入党誓词奠定了基础，并确立了初步的规范。

解放战争时期，革命形势发生明显变化，这一时期的入党誓词，不论是延续使用抗日战争时期标准誓词，还是其他版本，都增加了"执行党的决议"的内容。如，1947年冀南区党委使用的入党誓词是："我自愿立誓参加共产党，永远跟着共产党毛主席走，一心一意为人民服务，个人利益服从党的利益，坚决执行党的决议，遵守党的纪律，保守党的秘密，遵守民主政府的法令、群众的决议，在任何情况下不动摇，不妥协，不怕困难与牺牲，为新民主主义和共产主义的实现而奋斗到底。"

1948年西北局使用的入党誓词为"誓为共产主义，坚决奋斗到底。密切联系群众，不断努力学习。实行党的政策，服从党的决议。遵守党的纪律，保守党的秘密。倘有违反行为，愿受党的处分。"

1949年4月，中央组织部明确表示："入党仪式及入党誓词在党章中没有明文规定，亦不适宜再作明文规定，入党仪式仅是进行教育的一种方式，并不能含有其他意义。"同时又指出："所谓'誓词'的内容，亦不能不是党章第一章第一、二条的内容，这内容应在新党员入党志愿书中写出，在支部大会上声明。"这一时期，中央对入党誓词没有统一的规定，是否举行入党宣誓仪式完全由地方党组织自行决定。

这一时期革命形势已经发生了极大变化。入党誓词表现出我们党对于实现新民主主义革命胜利的坚定自信，更强调党的群众路线和实事求是的思想路线，更加强调要坚决执行党的决议。这在革命即将取得最终胜利的重要历史关头，显得极其重要，成为赢得解放战争胜利、建立新中国的重要保证。

新中国成立至改革开放前，入党可自拟誓词。

1950年中南局宣传部编印的《共产党员课本》的入党誓词为"我志

做党的光荣传统和
优良作风的忠实传人

愿加入中国共产党,承认党纲、党章,遵守党的纪律,服从党的决议,学习马列主义、毛泽东思想,努力提高自己的觉悟,积极工作,精通业务,全心全意为人民服务,不屈不挠,为共产主义事业奋斗到底。"该书还特别提到,具体人在具体条件下,如在工厂的生产运动中"愿宣誓者,由其自拟誓词亦可"。

新中国成立后广为使用的入党誓词是:

我志愿加入中国共产党,拥护党纲党章,执行党的决议,遵守党的纪律,保守党的秘密,随时准备牺牲个人的一切,为全人类彻底解放奋斗终身。

入党可自拟誓词,是这一时期入党誓词的一个主要特色。入党誓词不统一不规范的情况一直延续到"文化大革命"时期。"文化大革命"时期的入党志愿书甚至出现了"入党宣誓誓词(由本人自己填写)"的字样。这使得入党誓词的内容驳杂、长短不一,降低了其规范性和严肃性,不利于党性教育和理想信念教育的开展。

党的十一届三中全会,是新中国成立以来党的历史上具有深远意义的伟大转折。这是我们党的一次伟大觉醒,孕育了我们党从理论到实践的伟大创造。从此我们党治国理政的思路更加清晰、步伐更加坚定。

进入改革开放新时期,党的工作重点转移到社会主义现代化建设上来,党面临新的形势和任务,也面临新的考验。为规范和完善发展党员程序,加强对党员的理想信念教育,发挥入党誓词在党员政治生命中的引领作用,出台一份规范、统一的入党誓词,显得尤为迫切。

于是,在深刻回顾总结党的历史经验教训的基础上,1982年9月,党的十二大通过了新的《中国共产党章程》。十二大党章中首次载入入党誓词。新党章第一章第六条明确规定:

预备党员必须面向党旗进行入党宣誓，誓词如下："我志愿加入中国共产党，拥护党的纲领，遵守党的章程，履行党员义务，执行党的决定，严守党的纪律，保守党的秘密，对党忠诚，积极工作，为共产主义奋斗终身，随时准备为党和人民牺牲一切，永不叛党。"

党的十二大党章规定的入党誓词，强调了"执行党的决定""严守党的纪律""保守党的秘密""对党忠诚""积极工作""永不叛党"等基本要素，这是对党的历史上的经验和教训的总结，也是我们党自成立起对全体党员始终如一的要求。另外，它增加了"履行党员义务""随时准备为党和人民牺牲一切"等新内容，这是社会主义现代化建设新时期我们党对党员新的要求和希望。

十二大党章的入党誓词，更加全面、系统、科学地概括了我们党对党员的基本要求，强调了党员的政治责任，总体上适应了改革开放新时期加强和指导党员队伍建设的需要，适应了党的建设和党章发展的需要，成为对每一位党员都具有刚性约束的党规党纪。党的十三大至十八大通过的党章，都沿用和重申了这一内容，体现了我们党对十二大党章入党誓词的重视和充分肯定。

从入党誓词的变化可以看出，党所处的历史时期和承担的历史任务决定了入党誓词的内容。不同历史时期入党誓词的内容不同，但确保全党统一意志、统一行动、步调一致前进的纪律要求却始终贯穿其中。

二、共产党人以生命诠释"永不叛党"

1927年10月15日，在湖南酃县水口街叶家祠堂的阁楼上，毛泽东主持召开了秋收起义部队组建以来的第一次新党员入党仪式，并给陈士

做党的光荣传统和
优良作风的忠实传人

槊、赖毅、刘炎、李恒、欧阳健和鄢辉6名新党员逐条讲解入党誓词:"严守秘密,服从纪律,牺牲个人,阶级斗争,努力革命,永不叛党。"

作为一条铁的纪律,"永不叛党"在各个时期不同版本的入党誓词都在沿用,贯穿于中国共产党革命、建设和改革时期之始终,成为入党誓词的核心内容。

这是一个历经革命低潮、曾长期处于地下斗争和革命战争状态下的政党,为保护自身组织对党员提出的最基本要求;这也是一群先进分子在最危险的情形下、在最严重的困难面前,对自我提出的最高要求。

从来壮烈不贪生,许党为民万事轻。

革命战争年代,千千万万以李大钊、方志敏、刘启耀、胡天桃、林心平等为代表的中国共产党人,守住了"永不叛党"的誓言,忍受人世间最为残酷的刑罚、微笑着面对死亡;他们视金钱如粪土,看富贵似浮云,将一生奉献革命事业;他们在柔肠寸断中,告别亲人,书写出惊天动地的人间大爱。

不论是在有形敌人的威逼下,还是在无形岁月的磨砺中,他们用自己的生命诠释了忠诚是什么,永远有多远——

故事一:被绞杀的中共主要创始人——李大钊

坐落在天安门广场东侧的中国国家博物馆展览大厅里,摆放着一件国家一级文物——中国共产主义运动的先驱、中国共产党的主要创始人之一李大钊就义的绞刑架。

在锈迹斑斑的绞刑架面前,生与死的拷问直击内心。90多年前,李大钊没有犹豫,更没有畏惧。

中国共产党成立后,李大钊负责党在北方的全面工作,并任中国劳动组合书记部北方区分部主任。在极端危险和困难的情况下,李大钊积极领导并亲自参加了北京反对帝国主义和北洋军阀的"三一八"运动,号召人们用"五四"的精神、"五卅"的热血,不分界限地联合起来,反抗帝国主义的联合进攻,反对军阀的卖国行为。

但这些革命活动遭到北洋军阀的仇视,他们下令通缉李大钊。1927年4月6日,奉系军阀张作霖勾结帝国主义,在北京逮捕了李大钊等80余人。

被捕的当天下午,李大钊就被讯问。他虽回答了审讯中提出的所有问题,但却从未透露党的任何有效信息。

1927年4月28日,北京西交民巷京师看守所内,李大钊和其他十九位革命者被奉系军阀张作霖秘密绞杀。

李大钊第一个登上绞刑台,慷慨赴义,年仅38岁。

头发剃去,双目直视,表情平和,在他那满是皱褶的灰布棉袍之下,挂着又黑又粗的铁链……这是李大钊从容走向绞刑架前留下的遗照。

关于李大钊牺牲时的真实情况,当时的目击者之一、时任京师高等审判庭推事的何隽,在解放初期写的《李大钊殉难目睹记》中作了记载:

> 李大钊等二十人在京师看守所内刑场绞决。被绞之前夕,余即至看守所接洽参观。见新式行刑之绞机矗立刑场之中央。
>
> 晨九时,指挥行刑官莅场查阅判决书,命提李大钊及另一受刑人到场,旋由行刑人蜂拥至前。李大钊意气轩昂,胸襟爽朗,不知其为铁窗人也。指挥行刑官告之:"此案经特刑庭判决,你等均处死刑,当已收到判决书?"
>
> 答:"收到,已准备上诉。"又云:"此案系按特殊程序处理,并无上诉办法。现奉上官命令,今日执行。你等对于家属如何处分事件,可缮函代为转交。"
>
> 李大钊云:"我是崇信共产主义者,知有主义不知有家,为主义而死分也,何函为?"旋经行刑人拥登绞台左绞绳下铁盖上,面南而立,一位行刑人反接两手,缠缚全身并折绳结环,神色自

做党的光荣传统和
优良作风的忠实传人

若不变。最后，李大钊高呼"为主义而牺牲"，毅然延颈就环。

《李大钊殉难目睹记》的作者何隽是受李大钊思想影响的进步青年，其言可信。他写的《李大钊殉难目睹记》真实地记载了李大钊为共产主义理想从容就义的过程。

《国民日报》的报道说，受刑时"每人约费时十八分始绝命"，但据有关人员回忆，李大钊受刑的时间可能约有40分钟。因为敌人极有可能对李大钊实行了古已有之的异常残酷的"三绞处决法"。

敌人第一次把李大钊绞昏后又放下来，仍然劝他"悔过"。李大钊苏醒过来，愤恨地说："你们把我绞死，我的灵魂不死，革命不死！"第二次还是劝他"悔过"，李大钊慢慢地睁开眼睛，冷笑一声说："力求速办！"敌人的妄想完全破灭，第三次结束了李大钊的生命。

李大钊从不畏惧牺牲，他曾以《牺牲》为题写文，直抒胸臆道："人生的目的，在发展自己的生命，可是也有为发展生命必须牺牲生命的时候，因为平凡的发展，有时不如壮烈的牺牲足以延长生命的音响和光华。高尚的生活，常在壮烈的牺牲中。"

李大钊牺牲22年后，1949年10月1日，"青春中华"——中华人民共和国诞生了。宛如青春之火的五星红旗，在天安门广场上高高飘扬。

百年已是风雨兼程，百年恰是风华正茂。

1920年，李大钊开启"南陈北李，相约建党"的伟大壮举。100年后，他为之付出生命的中国共产党已是世界第一大政党，他为之奋斗的国家已是全球第二大经济体，我们离中华民族伟大复兴越来越近。

故事二：坚定信仰铸就的英雄——方志敏

到那时，到处都是活跃的创造，到处都是日新月异的进步，

第一章 对党忠诚是中国共产党人首要的政治品质

欢歌将代替了悲叹，笑脸将代替了哭脸，富裕将代替了贫穷，康健将代替了疾苦……明媚的花园，将代替了凄凉的荒地！

几十年前的这篇《可爱的中国》，预言般地描绘了今天中国的现实。它的作者方志敏，却为了这一梦想而献出了生命。

在1934年秋，革命形势日趋险恶之际，中央令方志敏任红十军团军政委员会主席，领导红军北上抗日先遣队行动，以策应中央红军主力西征。面对在国民党统治中心——宁、沪、杭地区作战的千难万险，方志敏义无反顾去完成党交给的任务。1935年初，红十军团在撤返赣东北途中，被7倍于己的国民党军围困于怀玉山区。方志敏带领先头部队奋战脱险，但为接应后续部队复入重围，在生死关头以高度的责任感自愿走上最危险之路。他说，"因大队伍尚在后面，在责任上我不能先走"。因为这一铁血担当和抉择，1935年1月27日，方志敏在皖浙赣交界处的怀玉山陇首村附近的密林中不幸被捕。

被捕那天，国民党士兵搜遍方志敏全身，除了一块手表和一支钢笔，只有两个铜板。

敌人不能相信，这位共产党的"大官"竟如此穷酸。

方志敏被俘入狱后，在生与死的抉择关头，大义凛然，视死如归，宁死不屈。他坚定地表示："我能丢弃一切，惟革命事业，却耿耿在怀，不能丢却。""我已认定苏维埃可以救中国，革命必能得最后的胜利。我愿意牺牲一切，贡献于苏维埃和革命。"这情真意切、正气浩然的朴素语言，充分显示出一个共产党人的坚定信念和高尚品格。方志敏认为："一个共产党员，应该努力到死，奋斗到死！"

在狱中，他同敌人展开了英勇顽强的斗争。当国民党反动派通过官僚政客、军阀党棍以及方志敏的同学、同乡和亲朋故旧充当说客，以高官厚禄为诱饵，以资产阶级的生活方式来"规劝"使方志敏"归降"时，

方志敏郑重宣告:"我不爱爵位,也不爱金钱","我们共产党员都是深刻信仰共产主义的"。这充分体现了方志敏乐于清贫、视死如归的伟大革命气节,体现了中华民族那种"富贵不能淫,贫贱不能移,威武不能屈"的传统美德。

面对死神,方志敏信念如磐,生命不息,奋斗不已,用手中的笔作战斗武器,写就《可爱的中国》《清贫》《我从事革命斗争的略述》等十余篇近14万字的文稿。他把生命的最后一刻,化作情与血的文字,献给了党和人民,谱写了一曲共产党人的正气歌,留下了一份永远值得后人珍视的精神财富。

1935年8月6日,方志敏被国民党秘密杀害于南昌下沙窝,年仅36岁。

方志敏的一生虽然短暂,但他不忘初心,始终坚定地践行着自己的誓言。他在狱中文稿中留下了一首题为《死!——共产主义的殉道者的记述》的短诗,开篇即以诗明志:

> 敌人只能砍下我们的头颅,
> 决不能动摇我们的信仰!
> 因为我们信仰的主义,
> 乃是宇宙的真理!
> 为着共产主义牺牲,
> 为着苏维埃流血,
> 那是我们十分情愿的啊!

这表明了方志敏心甘情愿地为"信仰的主义"流血牺牲的决心。信仰的旗帜造就了英雄的传奇。今天,我们研读、品味方志敏这些关于信仰的荡气回肠的诗句,总会体验到一种久违的感动。

故事三：腰缠万贯的"乞丐"——刘启耀

中国共产党建党百年来党员队伍中有很多对党忠诚、一心一意的人。"腰缠万贯的讨米人"刘启耀，就是其中之一。

刘启耀原本是江西兴国一个撑竹排的工人。参加革命后，他学习了文化，最终走上了江西省苏维埃政府主席的领导岗位。

1934年10月，红军主力长征后，刘启耀奉命留守苏区，在时任中共江西省委书记曾山的领导下坚持游击斗争。1935年初，在于都突围战斗中，他不幸负伤，不能随部队行动。战友给他包扎好伤口后，为了不让国民党反动派发现，就把他放在一个极其隐秘的小山洞里，这里也是党的秘密交通站，以后会有交通员接应他，待养好伤后再回归部队。

临行，曾山把一个沉甸甸的小布包递给刘启耀，叮嘱他这是党的经费，千万要替组织妥善保管好。说完曾山就率领部队血战突围。刘启耀在山洞里躺了几天，一直没有自己人来接应，他把这个小布包埋在山洞里的乱石堆中，自己挣扎着爬下山去找组织。一路打听，刘启耀发现交通员已经牺牲，战友已经突围转移，自己与组织失去了联系。

刘启耀秘密潜回家中养伤。不久，他发现家门口有不明身份的人员盯梢，这立即引起了他的高度警觉。当晚，刘启耀从屋顶逃了出来，找到原来藏身的山洞，取出了埋在乱石堆里的小布包，打开一看，里面装着13根金条和一批首饰、银元。这一大包黄澄澄的金子、白花花的银元，足够他下半辈子衣食无忧。可是，这是党的活动经费，比生命还重要啊！深感责任重大的刘启耀把小布包系在腰间，身穿烂棉袄，头戴破雨笠，手拿打狗棍，在遂川、万安、泰和一带流浪乞讨，一边秘密寻找党的组织，一边联络失散同志。

刘启耀天天乞讨，天天都在找党。那时正值隆冬时节，北风呼啸，刘启耀穿着单薄的衣衫，渴了，路边小溪喝口山泉水；饿了，给附近人

家干点农活,讨些米吃;困了,躺在茶亭庙角里打个盹儿,几个月过去了,谁也不知道这个衣着褴褛、面容憔悴、满脸胡须、披头散发的乞丐,竟会是著名的江西省苏维埃政府主席刘启耀;更令人不可思议的是,这个乞丐居然腰缠万贯,却宁可讨米讨饭,忍饥挨冻,始终坚持不动用这笔公款的一分一毫。

经过整整两年的苦苦探寻,刘启耀终于找到了"娘家人"。

1937年初,刘启耀与原杨赣特委书记罗孟文、特委宣传部长刘飞庭在泰和县马家洲(今马市镇)谭富村成立江西临时省委,刘启耀当选为临时省委书记。正当大家为今后的活动经费发愁时,刘启耀撩开他的破烂衣衫,把腰间布包取下放在桌上。他对大家说:"这是我突围时,组织交给我保管的省苏维埃政府的经费,今后归临时省委支配。"会上的同志都惊呆了,谁能想到,流浪乞讨多年的刘启耀,竟然是个腰缠万贯的"乞丐"!

临时省委用这笔经费在马家洲谭富村买了一栋房屋,以"赣宁旅泰同乡会"的名义,建立了省委秘密机关,部分剩余经费用于保释狱中的大批战友。

残酷的斗争环境下,刘启耀曾经三次被捕入狱,经组织营救,得以释放。1939年初,他任中共泰和县委书记,在去赣州联系工作的途中,因叛徒密报被扣押,国民党当局严刑拷打,他始终不吐露自己的真实身份。由于他及时转移了党的文件,当局找不出证据,经几天关押便获释。

为了筹集党的经费,刘启耀甚至学会了磨豆腐制茶叶,他在遂川、泰和、万安等地摆摊,挣下的每一分钱都交给组织。刘启耀多次受伤,又积劳成疾,后来患上了严重的肺病,大口大口地吐血,尽管已是骨瘦如柴、奄奄一息,却始终不肯花费组织经费去寻医救治。

1946年,刘启耀弥留之际,还让人把他抬到马家洲"赣宁旅泰同乡会"的门前躺下,仰望延安方向,溘然长逝。

刘启耀以实际行动诠释"永不叛党"的深刻内涵，证明了他是一名信念坚定、清正廉洁的优秀共产党员，铸就了一座永远活在人民心中的巍峨丰碑。

故事四：衣衫褴褛难掩信仰光芒的红军师长——胡天桃

怒潮澎湃，党旗飞舞，这是革命的黄埔。主义须贯彻，纪律莫放松，预备做奋斗的先锋……

当年，黄埔师生高唱着这首《黄埔校歌》，一起平息商团叛乱，一同挥师东征。但随着蒋介石、汪精卫相继背叛革命，曾并肩浴血奋战的黄埔师生也分化为国共两个阵营，为不同的信仰在战场上厮杀。

中央苏区第五次反"围剿"失利后，中央红军主力开始长征。蒋介石集中正规部队和各省保安团20多万人，从四面八方"围剿"红10军团。巧合的是，被誉为"独臂将军"的红10军团军团长刘畴西和担任"围剿"指挥官的俞济时都是黄埔一期生，而俞济时手下的大将——补充第1旅旅长王耀武则是黄埔三期生。

1934年12月14日晨，王耀武率部出动。虽然红10军团发起了猛烈进攻，但王耀武很快发现，红军的火力远没有往常那样猛烈，冲锋的速度也大不如以前迅猛。原来，他眼前的这支红军因为物资极度匮乏，已近乎一无所有，战士们穿着破旧单衣和草鞋，举着弹仓空空的步枪和大刀，在漫天飞舞的大雪里冲锋。

血战一天，红10军团因众寡悬殊、弹药告罄，无力再战，于当夜主动撤退。有人向王耀武报告：战斗中，红军有十几个人冒着枪林弹雨去抢救一个人，那人正是红19师师长寻淮洲，已因伤重而亡，就地掩埋了。

邀功心切的王耀武立即派人找到了寻淮洲的尸首。尸尚未烂，上身

做党的光荣传统和
优良作风的忠实传人

无衣。王耀武知道,这是因为红10军团被服奇缺,所穿衣服破烂不堪,难以护体,故而在掩埋阵亡官兵时,顺手将死者的衣服脱下,以供活人穿用。

谭家桥战斗后,红10军团只剩不足3000人,无法在皖南立足,决定南下赣东北苏区。军政委员会主席方志敏和军团参谋长粟裕率领先头部队800多人走在前面,主力部队则由刘畴西率领随后跟进。

1935年1月12日,当红10军团抵达浙江省开化县杨林地区时,国民党军第49师、补充第1旅、第21旅等部迅速围拢上来,形成包围之势。最终,军团主力没能冲出封锁线,分散潜伏在德兴怀玉山的丛林深草中坚持战斗数日,除少数人突围外,大部分壮烈牺牲。

红21师师长胡天桃被俘后,先由补充第1旅参谋吴鸢审问,结果一无所获。吴参谋向王耀武报告:这个师长很倔强,问不出什么,请您亲自审问。

胡天桃被押到旅部,身着笔挺将军服的王耀武被眼前的一幕惊呆了:这位师长的上身穿着3件补了许多补丁的单衣,下身穿两条破烂不堪的裤子,脚上穿着两只不同色的草鞋,背着一个很旧的干粮袋,袋里装着一个破洋瓷碗,除此以外,别无他物,与战士没有什么区别。

时值严冬,天寒地冻,若不是被别人指认出来,王耀武绝对不相信面前这个人就是红军师长胡天桃。

他压下震惊,与胡天桃展开如下对话——

王耀武:"蒋委员长对你们实行宽大及感化教育,只要你们觉悟,一样得到重用。"

胡天桃:"我认为只有革命,坚决打倒帝国主义、封建主义及军阀,中国才有办法。"

王耀武:"我们也希望国家好,也反对帝国主义的侵略。

你说国民党勾结帝国主义，有什么根据？"

胡天桃："国民党掌握的军队不抗日，却来打内战，还请帝国主义的军官当顾问，这不是勾结帝国主义是什么？"

王耀武："共产主义不适合国情，你们硬要在中国实行，这样必然会失败的。"

胡天桃："没有剥削压迫的社会，才是最好的社会，我愿为共产主义牺牲。"

王耀武："你知道方志敏现在什么地点？"

胡天桃："不知道。"

王耀武："方志敏对未突入封锁线的部队有什么指示？"

胡天桃："不知道。"

王耀武："你家在哪里，家里还有什么人？告诉我们，可以保护你的眷属。"

胡天桃："我没有家，没有人，不要保护。"

……

胡天桃被枪杀了。那场谈话中所表现出来的共产党人的意志与决心，却让王耀武想了几十年。

1948年，时任国民党山东省政府主席、第二"绥靖"区中将司令官的王耀武成了共产党的俘虏。据说，他带副官乔装逃出济南城后，在寿光县境内上厕所时，因用高级卫生纸而被当地警惕性颇高的民兵发现并抓获。

1959年12月4日，王耀武作为首批被特赦的国民党战犯走出功德林战犯管理所，仍然清清楚楚地记得20多年前与胡天桃的那次谈话。直到那时，他才明白——谁是真正的失败者。

故事五：宣誓"刀搁在脖子上，也永不叛党"的女英雄——林心平

穿过战火和岁月的烽烟，70多年前，在新四军、在八路军驻沪办事处……林心平都曾立下赫赫战功，"虎胆英雄"之名远扬。她曾面对党旗，郑重宣誓："就是刀搁在脖子上，也永不叛党！"

林心平，原名梁玉。1919年2月出生，浙江平阳人，1936年加入中国共产党。1936年8月参加革命，在上海从事地下交通工作。

全面抗战爆发后，林心平任八路军驻上海办事处机要秘书。1937年11月赴延安抗日军政大学学习。毕业后，先后在中共中央长江局、中共浙江省金华特委从事统战工作。1939年秋任新四军第一支队文工团副团长。同年冬到溧阳新昌协助开辟新区工作。以办夜校的形式，宣传、发动群众，组织贫农小组、妇抗会、青抗团，并发展党员，建立党支部。

1941年3月起，林心平任金坛、溧阳、宜兴、武进、丹阳五县抗日联合政府文教科科长。同年夏，国民党保安第9旅投降日军后，进驻长（荡湖）滆（湖）地区，袭击我抗日部队。为扩大抗日武装，分散敌人兵力，党组织决定由她兼任宜兴县官村区区长，负责开辟长滆东南边区的抗日武装斗争。经数月工作，将张河港大河抗日游击区扩展到滆湖南岸的新桥一带。

1941年春天，林心平与新四军一团长诸葛慎在战火中结为夫妻。烽火中的爱情，不像和平年代能安逸相守。林心平告别丈夫，前去官林敌占区惩治公开投日的伪军。1942年3月3日，产期一天比一天接近，林心平如有预感般给家人写了一封信："现在斗争环境日趋尖锐，也可能有一天我要为党的事业献身，如果接不到我的信，望你们不要难过……"

两个月后，她生下一个男孩。因产后没有休养好，留下了后遗症，诸葛慎将她秘密送到江苏儒林镇"树德堂"医铺治疗。医铺代理当家何德贵见利忘义，向伪军举报。第二天拂晓，以汉奸吴苏为首的伪军包围了医铺。

林心平被捕后，顶住了敌人30多种惨无人道的酷刑。遍体鳞伤的她，依然意志像钢铁般坚硬，敌人撬不出半分有用的消息，气急败坏将钢丝穿过她的身体，游街示众。经过人群，虚弱至极的林心平奋力高喊："今年活捉特务头子吴苏！明年打败日寇！抗战一定要胜利！新四军会来解放你们！"惊慌失措的日寇抓住她的头发，狠命拉下，沿途群众掩面哭泣。

在生命的最后一刻，她在敌人准备给她写"悔过书"的纸上写下："笑汝辈黔驴技穷，甘洒热血化彩虹！"林心平的恨和坚决在鬼子心里种出了某种难以名状的隐蔽的恐惧，于是他们使用了最无人道的残忍，以彻底消灭她身体的方式来打消自己这种影射到将来的惧意。

> 1942年8月上旬的一天，在官林小学的操场上，日本人布了重兵，驱赶群众前来观看。（他们）对林心平进行了惨无人道的行刑。日本鬼子将她大卸七块，然后丢进硝镪水（硫酸）缸里化成了血水，（她）牺牲时年仅23岁。林心平同志以秋瑾为榜样，为国家为民族战斗到最后一刻。（诸葛佩圣《抗日女侠——林心平》）

不久，她未满周岁的儿子因病夭折。

解放那年，家乡的老母亲才获悉林心平牺牲的消息，悲痛欲绝。同年，汉奸吴苏逃至上海，被诸葛慎抓获后枪决。

在江苏宜兴县官林小学的小树林里，林心平的墓碑绿荫环绕，墓中没有遗骨。"君子食无求饱，居无求安……"，阳光渐渐淡去，孩子们齐声朗诵的声音，在操场上回荡，清朗明快。

1955年5月1日，宜兴县人民政府在官林小学为林心平烈士立了墓碑。碑下的空墓没有遗骨，但盛着一个民族最惨烈的痛和恨。2014年，民政部公布全国首批300名著名抗日英烈名录，林心平是其中最年轻的

一批。

人民有感恩的良知,汗青记下了英烈的丹心,记住了她在浓硫酸中淬炼出的民族的尊严。

无论是李大钊、方志敏,还是刘启耀、胡天桃、林心平,这些千千万万优秀共产党员的代表,即使在生命的最后时刻,念念不已的,都是那个大写的"中国"。

从 19 世纪起,实现民族独立、人民解放、国家富强就成了饱受外强欺凌的中华民族的梦想。然而,无论是太平天国、维新运动、义和团运动还是辛亥革命,都没有能挽救中国。直到 1921 年,浙江嘉兴南湖上那一艘红船起航。

日出东方……

在 28 年创建新中国的艰辛征途中,从井冈山到赣南、从湘西到川西、从大别山到延安……一处处革命根据地遗迹,无不能见到丛林般的墓碑——无数年轻的共产党人和党的追随者用他们的青春生命,推动了历史的沉重车轮,在多灾多难的神州大地上,立起了一座座巍峨的丰碑。

长征,人类历史上一场不屈追求信仰的远征。超过 16.6 万红军官兵牺牲或失散在了这条两万五千里的红飘带上。其中,包括红 3 军团参谋长邓萍、红 25 军政委吴焕先等 8 位军以上干部和 80 余位师以上干部。

他们中有多少是共产党员,今天已难以准确统计。军事科学院研究员徐占权说,史料记载,无论是强渡大渡河的勇士,还是飞夺泸定桥的英雄,都是由共产党员和入党积极分子组成的。聂荣臻元帅生前曾回忆,长征中,每打一仗下来,党团员负伤之数,常常占到伤亡数的 25%,甚至 50%。

为有牺牲多壮志,敢教日月换新天。

在中国共产党人眼中,信仰,值得用全部生命去追求。

——为了民族独立,60 多万名中国共产党领导下的优秀儿女在抗击外敌入侵中付出了生命；

——为了人民解放，26万子弟兵牺牲在解放战争中；

——为了新生的共和国，在1949年后，又有30多万名官兵，牺牲在保卫祖国、建设祖国的各个战场上；

他们中，有无数共产党员的身影。

仅是为了创建新中国，中国共产党就付出了370万优秀党员的生命——人类历史上，有哪一个政党，为了自己的国家付出过如此巨大的牺牲？！

牺牲，以人民的名义。在100年漫漫征途中，无论是面对战争还是灾难考验，共产党人，从来都把人民的利益高高举过头顶。

三、"狱中八条"的警示意义

在中国共产党百年历程中，成千上万热血青年奋勇争先，义无反顾地加入这个行列之中，不少人献出了宝贵的生命。与此同时，也有一些投机革命和意志薄弱的人成为叛徒，给党的事业造成巨大损失。

尤其令人痛惜的是，曾经有许多非常优秀的成员，包括高级领导人的牺牲，都是由于叛徒的出卖而造成的。比如，大革命失败前后，即从1927年3月至1928年上半年，在国民党的"清共"浪潮中，共产党员和革命群众被杀害的多达31万人，其中就有中共早期活动家陈延年、赵世炎、罗亦农、向警予、陈乔年、夏明翰、郭亮等，他们大多数是被叛徒出卖而牺牲的。

在中国革命历程中，曾经有过哪些危害甚大的叛徒呢？

顾顺章、向忠发、白鑫、龚楚、孔何宠、涂振农、邢仁甫、曾洪易、余洒度、旷朱权、郭炳生、赵凌波、郭潜、徐梦秋等，可为众多叛徒的代表，不妨称他们为"高级叛徒"。鉴于篇幅有限，以下只介绍其中几个——

做党的光荣传统和
优良作风的忠实传人

中国革命历程中的叛徒，要说危害最大的，则莫过于顾顺章。

1931年12月1日发布的《苏维埃临时中央政府人民委员会通缉令——为通缉革命叛徒顾顺章事》，正是中华苏维埃共和国临时中央政府主席毛泽东亲自签发的。通缉令历数顾的种种罪行，并称：

> 苏维埃临时中央政府特通令各级苏维埃政府，红军和各地赤卫队，并通告全国工家劳苦群众：要严防国民党反革命的阴谋诡计，要一体缉拿顾顺章叛徒，在苏维埃区域，要遇到这一叛徒，应将他拿获交革命法庭审判；在白色恐怖区域，要遇到这一叛徒，每一革命战士，每一工农贫民分子有责任将他扑灭。缉拿和扑灭顾顺章叛徒，是每一个革命战士和工农群众自觉的光荣责任。

这份特殊的通缉令，可以说是对顾顺章下了"格杀勿论"的严令。在中共历史上，由中央政府对一个叛徒特下这种通缉令，可谓极为罕见。

这是20世纪30年代初，中央特科战线遭遇的一次最危险、最惊心动魄的时刻，因为一个人的叛变差点造成整个特科战线的重大挫折，这个叛变的顾顺章是中央特科的"天字号"人物，中共早期高级领导人之一。

"只要我们不死，准能见到顾顺章叛变的那一天。"这是担任中央特科情报科科长时，陈赓对顾顺章的一句评语，言语中是浓浓的担忧。

没想到的是，陈赓竟然一语成谶，1931年，顾顺章被捕，在没有严刑拷打、没有威逼利诱的情况下，顾顺章一口气交代了20多个秘密机关，并且指认、抓捕恽代英、蔡和森等人，造成极大损失。

顾顺章，上海人，出生于1904年，7岁到社会闯荡，在南洋兄弟烟草公司的制烟厂当工头。因为他敢打敢斗，在工人中很有威望。正因为如此，顾顺章在1924年就进入上海市总工会，并且加入了中国共产党。

顾顺章后来在苏联受训了一年，在那里他凭着自己的天赋，学到很多当特工的本领，不仅能双手持枪射击、百发百中，会爆破，会驾驶汽车、摩托车，杀人不留痕，还会乔装，表演魔术、催眠术，甚至会心理学，等等。

可以说，顾顺章的业务能力出类拔萃，就连国民党中统老牌特务万亚刚都对他佩服得五体投地，说他是"万能特工，间谍大师，中统、军统无人能望其项背"。

顾顺章不光是业务能力出色，而且精通人情世故。

中统头子徐恩曾在回忆录中说顾顺章："说话很风趣，处世经验丰富老到，很富人情味，善于揣摩人的心理，对人态度和蔼诚恳，使人乐于亲近。"

这样一个几乎全能的红色特工，在特科期间也立下不少功劳，尤其是铲除叛徒白鑫，他功不可没。但随着功劳增大，在特科中的地位不断提升，顾顺章逐渐变得狂妄自大，追求享乐。他的生活开始腐化，沾染上好色和赌博恶习。

与他一起在苏联培训过，又在特科工作的陈赓目睹了顾顺章的所作所为，就不无忧虑地说："顾顺章这样下去很危险。"

1931年3月，顾顺章护送中共领导人张国焘和陈昌浩前往鄂豫皖苏区。

任务完成后，没有按时归队，在武汉跟自己的情人约会去了。

但是几天后身上的钱很快就挥霍一空，生活陷入困境。

谁也未曾想到的是，他居然敢大喇喇地登台，开始表演魔术来赚钱。

他在舞台上表演的时候，自是不会注意到舞台下的角落里，一双眼睛已经盯上了他。

此人叫尤崇新，曾是顾顺章的部下，后来叛变投敌。

1931年4月24日傍晚，正在跟情妇缠绵的顾顺章被逮捕，被押送到国民党武汉绥靖公署行营。顾顺章被捕后即叛变，并供出所知一切中共机密。

做党的光荣传统和
优良作风的忠实传人

　　幸亏打入中统内部并担任特务头子徐恩曾机要秘书的钱壮飞，及时获取顾叛变的绝密情报，并抢在特务动手之前通知党中央机关转移，在上海的党中央及江苏省委才未被破坏，周恩来等党中央主要领导得以幸免于难。

　　据当年也在中央特科工作并参与组织撤退的聂荣臻元帅回忆说："当时情况是非常严重的，必须赶在敌人动手之前，采取妥善措施。恩来同志亲自领导了这一工作。把中央所有的办事机关进行了转移，所有与顾顺章熟悉的领导同志都搬了家，所有与顾顺章有联系的关系都切断。两三天里，我们紧张极了……"由于中央及主要领导及时转移，特务们一无所获，令徐恩曾十分沮丧。

　　如果没有隐蔽战线上的"龙潭三杰"——钱壮飞、李克农、胡底，中共中央机关将可能遭受灭顶之灾。周恩来曾感慨地说到，他们三个人深入龙潭虎穴，可以说是"龙潭三杰"。如果没有"龙潭三杰"，中国共产党的历史将被改写。即使这样，仍有两位党的领导人恽代英、蔡和森遇难。

　　顾顺章叛变后，由于个人野心极度膨胀，摇摆于中统、军统之间，不久即遭冷落。不甘寂寞的他又企图组建所谓的"新共产党"，犯了蒋介石的大忌。1935年6月，顾顺章被秘密处死于苏州监狱，年约31岁。

　　由于顾顺章叛变时掌握着我们党的高级机密，叛变后又穷凶极恶地破坏我们党各地的组织，故有人称他为"中共历史上最危险的叛徒"。

　　中国革命历程中的叛徒，要说职务最大的，则莫过于向忠发。他是中国共产党早期领导人。1928年7月当选为中共中央总书记。

　　顾顺章叛变后供出了向忠发、周恩来、瞿秋白的住处及中央秘书处、特科机关所在地。中共中央马上通知向忠发搬了家，接着又决定让他转移到江西中央苏区去。但向忠发却迟迟不愿离沪，提出离沪前无论如何要见情人杨秀贞一面。

第一章　对党忠诚是中国共产党人首要的政治品质

1931年6月21日下午，向忠发匆匆赶到静安寺边上的旅馆，见了杨秀贞。他没有遵守对周恩来的承诺，住了一夜。

1931年6月22日上午9点许，向忠发走进静安寺对面的英国人开的"探勒汽车行"要车，被车行会计叶荣生认出来了。他在中华互济会工作过，听过向忠发的报告。更重要的是他看到来人左手只有4个手指，因为向忠发年轻时当水手，赌博成瘾，为戒赌而砍去一根手指。

向忠发见大事不妙，拔腿就跑，但没走几步，即被暗探与巡捕抓获。

1931年6月23日《申报》刊登远东社消息："向忠发共党首领，于昨日上午九点三刻在法租界善钟路被捕，当送嵩山路捕房，旋解卢家湾政治部。闻警备司令部以该犯为共党首领，刻已派员提引。"

周恩来得知向忠发被捕，即刻组织人员营救。但执行任务的同志派出去不久，就回来了，因为向忠发已经叛变。

向忠发年轻时曾娶湖南省湘潭县的农妇刘秀英为妻。1928年向忠发从苏联返回上海后，党组织也把他的妻子和唯一的儿子接到上海，一家人实现了团聚。但向忠发只同妻儿生活了一年有余便与其分居，他以古董商人的身份为掩护住进法租界善钟路（今常熟路）附近一栋成衣铺的二楼里，同他姘居一起的是厦门路妓院的风尘女子杨秀贞。

顾顺章叛变后，已经把中共秘密机关交代了个"底朝天"。因此，向忠发已供不出更多有用的信息，蒋介石下令将其就地枪决。这样，向忠发在被捕后的第三天——6月24日，便被押上刑场。

行刑前，他竟然跪在地上，苦苦哀求饶他一命……

而颇具戏剧性的是，情人杨秀贞与向忠发一块儿被捕，她并非中共党员，但她知道向忠发的真实身份。然而，杨秀贞面对敌人拷打，并不承认向忠发是中共党员。周恩来因此曾说，向忠发"气节还不如一个妓女"。

中国革命历程中危险的叛徒还有许多，比如曾任中央军委秘书的白鑫（黄埔军校第四期学员）。由于他的叛变，中共中央政治局候补委员

和中央农委书记兼江苏省委军委书记彭湃、中共中央政治局候补委员和中共中央军事部部长兼江苏省委军事部部长杨殷、中央军委委员颜昌颐和邢士贞等被捕遇难。最后在周恩来、陈赓等的有力策划和组织下，他才受到了应有的惩罚。

这样的叛徒，后来在《红岩》《青春之歌》等许多文学作品中都有不同程度的描写和揭露，而"叛徒现象"更是在中国传统文化和传统价值观念中一向受到人们的鄙视和谴责。如曾经影响过共和国几代人的长篇小说《红岩》，它所依据的史实，就是解放前夕中共重庆市委副书记兼组织部部长冉益智的叛变。冉被捕后，供出了一大批自己的同志。冉甚至还现身说法，劝说中共川东地委书记涂孝文也叛变，使得江竹筠等数十名中共重要成员被捕。其中，中共川康特委书记蒲华辅叛变后，致使已成功打入国民党军队内部的韩子重等遭到逮捕。

冉益智在"《挺进报》案"中充当了一个最无耻、最凶残的角色，也是因为他在抓捕共产党员的行动中有"突出的功劳和表现"，遂被国民党特务头子毛人凤、徐远举推举为国民党特务机构中的中校专员。

从这些叛徒的堕落之路不难看出，泄露机密、叛党叛国的背后，是金钱、女色、贪欲，而要再追深一层，从根上讲，是理想信念的倒塌。还有一个形象的比喻，理想信念如同人的精神之钙，如果一个人缺钙，则其骨头必然不够硬，骨头不硬则行不正、坐不直，直至百病可侵。

如何防止党内出现叛徒？《红岩》的江竹筠、陈然、许云峰等革命烈士在渣滓洞、白公馆里曾对如何防止党内出现叛徒做过严肃总结。

这是一份诞生在黑牢里的报告，是烈士们"最后的嘱托"。

1948年4月初，重庆的国民党特务以破坏《挺进报》为突破口，抓捕了135人，其中党的县以上干部40人，党在重庆的地下组织几乎全被破坏，甚至牵连到整个四川的地下党组织。由于叛徒出卖以及三次武装斗争的失败，关押在白公馆、渣滓洞的共产党人和革命志士有300多人。

在这个过程中,共产党员罗广斌被捕,起初被关进渣滓洞监狱二楼7室,和他以前的领导张国维同处一室。张国维叮嘱罗广斌要注意搜集情况,征求意见,总结经验,有朝一日向党报告。

由此,一场总结经验教训的"大讨论"在黑牢里秘密展开。1949年1月17日,江姐(江竹筠)口头拟了一份讨论大纲:"一、被捕前的总结;二、被捕后的案情应付;三、狱中的学习。"这也成为日后"狱中八条"形成的基础。

1949年2月,罗广斌被转押到白公馆。他与同室难友、曾任沙磁区学运特支书记的刘国志,曾任重庆北区工委委员的王朴以及曾任《挺进报》特支书记的陈然等,进行过多次深入讨论。狱中意见在此逐渐完善、成熟。

罗广斌在白公馆、渣滓洞都被关过,利用放风等机会和大家交换意见,可以说,"狱中八条"是白公馆、渣滓洞革命烈士的集体意见,反映了最真实的斗争情况。

1949年11月27日,阴雨绵绵。革命者们甚至都能听到江对岸解放重庆的隆隆炮声,然而,敌人最后的疯狂也开始了,前后300多名革命者倒在敌人的枪下。

当渣滓洞大屠杀的火焰还在燃烧之际,罗广斌和尚未被杀害的10多位狱友,趁敌人疏于看守之机,冒死冲出白公馆,蛰伏乡间,3天之后迎来重庆解放。

为了执行难友们的嘱托,脱险后的罗广斌每天奋笔疾书,凭借记忆整理出同志们在狱中提出的意见。1949年12月25日,即重庆解放后的第25天,罗广斌写成了《重庆党组织破坏经过和狱中情形的报告》,上报给中共重庆市委。

这份报告分七个部分,第七部分即为《狱中意见》,共八条,分别是:

1. 领导机构腐化；

2. 缺乏教育、缺乏斗争；

3. 迷信组织；

4. 王明路线；

5. 轻视敌人；

6. 经济、恋爱、私生活；

7. 整风、整党；

8. 惩办特务。

1989年，重庆市委党史研究室原副主任、研究员胡康民，根据川东地下党老同志萧泽宽等提供的线索，在重庆市档案馆找到了这份报告，并加以整理和挖掘，将《狱中意见》中的八条提炼为：

1. 防止领导成员腐化；

2. 加强党内教育和实际斗争的锻炼；

3. 不要理想主义，对上级也不要迷信；

4. 注意路线问题，不要从右跳到"左"；

5. 切勿轻视敌人；

6. 重视党员特别是领导干部的经济、恋爱和生活作风问题；

7. 严格进行整党整风；

8. 惩办叛徒特务。

"狱中八条"是革命烈士用鲜血和生命换来的经验与教训，是一份宝贵的党史资料、一份厚重的党性教材、一份沉甸甸的政治嘱托。

"狱中八条"是狱中共产党员的斗争经验总结，每一条都是发自肺腑。

"狱中八条"是狱中共产党员的深刻思考，字里行间浸透着血与泪。

立于新时代,中央从作风建设入手、打虎拍蝇惩治腐败,扎紧从严治党的制度笼子,党的建设更加制度化、规范化。今天重温"狱中八条",是一次与烈士们跨越时空的对话,也是一种面向未来的警示。

四、伪忠诚无异于背叛

2016年2月5日,中央纪委在通报四川省原省长魏宏违纪问题时称其"不老实",让人惊讶之余,不禁感慨唏嘘。

纵观十八大以来众多落马官员,这种"不老实"带有一定的普遍性。而周永康、薄熙来、郭伯雄、徐才厚、令计划、苏荣、孙政才等更是对党、对国家、对组织"不老实"、不忠诚的典型。

在和平年代,在我们党执政并且将长期执政的年代,"叛徒"一词已经很少见到。但细究起来,这些背离党的性质和宗旨,违反党的纪律,损害党的形象,给党和人民事业造成损失,影响恶劣的腐败分子,已与叛徒无异。

透过现象看本质,伪忠诚就是政治投机行为,伪忠诚者就是政治投机者、行动两面派、道德伪君子。在此,不妨为他们画画像——

画像一:缺乏积极行动,"空忠诚"。

这类人对中央和上级组织的大政方针、决策部署,"坚决拥护"的调门唱得比谁都高,"步调一致"的口号喊得比谁都响,可谓信誓旦旦、言辞切切,但实际上搞阳奉阴违、口是心非,说归说、做归做,表态归表态、行动归行动,私下或背地里另搞一套、另外一副面孔,搞小圈子、小团伙、小山头,妄议非议中央、不守纪律不讲规矩,表态纯粹成了"做姿态",甚至成了表演。

做党的光荣传统和
优良作风的忠实传人

河北省委原书记周本顺多次信誓旦旦地表态坚决把思想和行动统一到中央反腐倡廉的决策部署上来,还在全省领导干部集体廉政谈话时要求,"广大干部特别是领导干部,一定要增强党的意识、责任意识、忧患意识,清醒认识当前反腐败斗争形势的严峻性、复杂性,坚定不移地惩治腐败,坚决遏制腐败蔓延的势头"。

然而,对中央反腐败、严抓落实"八项规定"精神,周本顺在内心深处其实并不接受,以至于在公开场合多次表达不满,甚至跟班子成员讲过,"现在中央抓八项规定,抓得太细了太严了,没有必要","酒该喝还是要喝的,喝点酒有什么不好,喝点酒多有气氛"。甚至还放出反腐败工作要放一放、缓一缓的言论,甚至直接插手干涉纪委的工作,与中央精神背道而驰。

2015年10月,周本顺严重违纪被开除党籍和公职,移送司法机关。

画像二:降低忠诚纯度,"亚忠诚"。

这类人有的"宰相肚里能撑船",既装了马列,又装了鬼神,但往往是"马列旁边落,鬼神座上宾";有的不是时时事事处处对党忠诚,而是在问题面前做"圆滑官",在压力面前打"太极拳",在挑战面前当"鸵鸟";有的执行党的决定"打折扣",只求"做了"而不求"做好",只管"过得去"而不管"过得硬",只要"差不多"而不问"差多少"。

重庆市渝北区委原常委吴德华,人前总是把坚定共产主义理想信念挂在嘴上,背地里却瞒着党组织加入封建迷信组织,还企图自创歪理邪说,把占卜打卦用到工作生活中。用他自己的话来说,"我丧失政治信仰,失去了政治灵魂和精神支柱",

党员意识消亡殆尽，已经到了自绝于党的危险地步，是个政治上彻头彻尾的"两面人"。

2018年8月9日，吴德华被开除党籍、开除公职，移送司法机关。

对党绝对忠诚是我们党对党员的一贯要求，在新时代新使命之下被赋予了新的时代内涵。习近平总书记指出："对党绝对忠诚要害在'绝对'两个字，就是唯一的、彻底的、无条件的、不掺任何杂质的、没有任何水分的忠诚。"

"亚忠诚"最大的问题是对党的忠诚纯度不足，不是绝对忠诚，而可能是心底里有私，情感上有杂，行动上有水。

画像三：缺乏坚定意志，"软忠诚"。

这类人有的理论不深、信念不强，信仰之基没筑牢，精神之钙没补足，思想之舵没把稳，没有"金刚身"，越不过"火焰山"，跳不出"八卦炉"；有的高谈阔论国家前途命运，而背地里却一遇到个人名誉地位就牢骚满腹、怨恨组织。这类人对党忠诚讲条件要价钱，以交易或者交换的心态对党忠诚，以职位的高低来衡量对党的忠诚的大小：这类人对党的忠诚无法经受个人名利的考验关。

云南省红河州委原常委、政法委书记和建，在向组织伸手要求在退休前解决正厅级待遇的目的没有达到后，就对州委主要领导产生了怨恨，先后向中央、云南省、红河州一些领导干部寄发了关于质疑州委主要领导政绩的公开信，并上传至全国网络举报平台。经省纪委核实，公开信所反映内容均不属实，和建的行为属于恶意打击报复。和建在任上时，却又表现为另外一种"样子"。

2009年,时任红河州委政法委书记的和建,在专题民主生活会上谈了自己5个方面的收获:一是认真学习,二是真抓实干,三是心系群众,四是作风民主,五是廉洁自律。

2019年1月2日,和建被开除党籍,取消退休待遇,移送司法机关。

画像四:缺少真诚情感,"假忠诚"。

这类人貌似做党的人,假装跟党走,实则"脚踏两条船",身穿"救生衣",早就在思想上、物质上做好了"弃船"而去的准备,为自己及家人找好了"退路",安排好了"后路",等等。他们对党其情也薄,其义也寡,好似喝了"忘情水",又似灌了"迷魂汤","姓党"而不在党言党、在党忧党和在党为党,而是"靠党吃党",骨子里同党离心离德,与党之间隔着厚重无形的"离心墙"。

2007年6月28日,甘肃省兰州市中级人民法院以受贿罪和玩忽职守罪,判处陕西省政协原副主席庞家钰有期徒刑十二年,并处没收个人财产人民币20万。而庞家钰的妻儿,早在他2002年权势如日中天时,就已悄然移民加拿大了。

这样的"裸官"腐败案,并非个案。2006年6月,涉案金额高达亿元的福建省工商局原局长周金伙,在被中央纪委"双规"前逃往美国。据报道,周金伙之妻陈淑贞在案发前早已移居美国,并拥有绿卡,为他外逃留下了"后路"。

画像五:忙着"选边站队","愚忠诚"。

这类人有的"四个意识"不牢,"两个维护"做不到,偏偏奉行"县官不如现管"的腐朽官场哲学，急于"选边"，忙着"站队"，无党性、无原则和无底线地绝对"忠诚"单位领导；有的"在上官眼底做功夫"，把对党忠诚变成对领导尽忠效力，"为民请命"变成"为领导卖命"，成为领导的"马前卒""狗腿子""爪牙""家臣"；有的"天不怕，地不怕，就怕领导说句话""只看领导点头，不管群众摇头"。

这类人有的还奉行"一人得道，鸡犬升天"的封建处世观念，大搞旧社会的帮派关系，召集"门生""旧部""同学""老乡"，另立小山头，组织小圈子，搭建小团伙，苦心经营自己的"一亩三分地"，沉迷当"老爷""主子"，对抗组织，"捆绑违法""结伴犯纪""成群受审"，"全家福"成了"全家腐"。

说到底，伪忠诚的实质是背叛，伪忠诚者实际已经失去了共产党员的信仰，抛弃了当年党旗下的誓词，背离了全心全意为人民服务的宗旨，走到了党和人民的对立面。成为党内政治文化的毒瘤，严重损害了政治生态。

一是欺骗性。电视剧《人民的名义》中某部委赵处长，骑自行车上班、吃炸酱面就大蒜、住旧楼，看起来生活俭朴，和蔼老实，却在豪宅中私藏两亿多元受贿赃款，其伪忠诚的一面令人触目惊心！

现实中，部分党员干部过着"双面人生"，说一套做一套，台上一套台下一套，人前一套背后一套，批评别人是一套、面对自己又是一套，把忠诚老实当作面具，以掩盖信仰上的荒芜、对钱权的贪念。

伪忠诚者有一个共同的特点，就是千方百计、时时处处掩饰或掩盖其不忠诚的真实面目，往往会戴着各种各样的假面具穿梭于政治生活中，装扮成忠心耿耿的样子出现在人们的面前。伪忠诚有很大的欺骗性，人们很容易被其假象所蒙蔽。

二是破坏性。在党的组织中，伪忠诚如同病菌，不及时"治疗"，就会慢慢吞噬肌体中好的细胞，最终解构组织成员共同的信仰与价值观，

削弱党的执政根基。党的十八大以来查处的山西吕梁、广东茂名、湖南衡阳、安徽萧县和泗县等地的系统性、塌方式腐败中的官员,从某个角度讲都是伪忠诚的表演者,对我们党的公信力和经济社会发展的影响极为恶劣。

三是污染性。政治生态和自然生态一样,一旦出现问题,再想恢复就要付出很大代价。伪忠诚是政治生态最致命的"污染源"之一,对政治生态具有潜移默化的影响。长期以来,一些地方和部门一度出现的形形色色的"潜规则"、大大小小的关系网、"劣币驱逐良币"的逆淘汰,都可以从中找出伪忠诚的影子,不仅玷污了共产党人的纯洁性和先进性,更是严重损害了一个部门、一个地方、一个系统的政治生态。

四是杀伤性。伪忠诚是最可怕的政治隐患,极具杀伤力。苏共亡党不是败于敌对势力的武装进攻,而是败于对马克思主义的伪忠诚与假信仰。伪忠诚导致亡党亡国,殷鉴不远,值得我们深思和警惕。

五、以担当诠释忠诚以实干践行使命

当今世界,百年未有之大变局正加速演进,我国正处在实现中华民族伟大复兴的关键时期,前进道路上仍面临着许多难关和挑战。风险越大、挑战越多、任务越重,越要坚守忠诚本色,在落实党的决策部署上不折不扣,在大是大非面前立场坚定,在噪音杂音面前保持定力。

对年轻干部来说,有必要以先辈先烈为镜、以反面典型为戒,不断筑牢信仰之基、补足精神之钙、把稳思想之舵,以坚定的理想信念砥砺对党的赤诚忠心;要自觉加强政治历练,不断提高政治判断力、政治领悟力、政治执行力,使自己的政治能力同担任的工作职责相匹配;要立志为党分忧、为国尽责、为民奉献,勇于担苦、担难、担重、担险,以实际行动诠释对党的忠诚。

首先，对党忠诚要亮出共产党人的政治品质。

纵观党的历史，从革命年代"勇往奋进以赴之，断头流血以从之"的坚毅，到和平岁月"只要是为党和人民工作，再苦再累也值得"的坚韧，永远保持对人民的赤子之心，是中国共产党人的政治品质。

广大党员干部要从信念、作风、实践三重维度淬炼优良政治品质。

一要塑就忠诚风骨。作为党员干部，要把政治建设放在第一位，要坚持用中国特色社会主义理论体系武装自己，不断提高理论素养和党性修养；要坚持心无杂念，一心一意扑在为民事业上，勇于摆脱功利羁绊，锤炼纯正党性，立正价值操守，夯实"任凭风浪起，稳坐钓鱼船"信仰基座，在为民服务的岗位上尽职尽责，挥洒汗水，书写忠诚，做一个清醒的、坚定的共产党人。

意识决定行动，思想上不忠诚于党、不忠诚于人民，行动上势必难以为党分忧、为民解困。少数党员干部表里不一，阳奉阴违，搞"两面派"，做"两面人"，原因在于缺乏对党忠诚的政治意识。对党忠诚是干事创业必不可少的政治品质，领导干部必须时刻树牢"四个意识"，坚定"四个自信"，做到"两个维护"，为党分忧、为国尽责、为民奉献，以实际行动诠释对党的忠诚。

忠诚不是写在纸面上的信誓旦旦，而是具体在干事创业中的点滴行动。放眼中华大地，守护边疆的戍边人，躬身扶贫的带头人，绿化国土的种树人……一个个忠于职守的身影，一幕幕实干兴国的场景，检验的是信念的坚定，依靠的是能力的提升。

二要锤炼清白作风。实践证明，但凡清正廉洁、有人格感召力的干部，总能以高洁名节和一身正气管住权欲，淡泊名利；管住物欲，守住清贫；管住情欲，耐得寂寞。作为党员干部，尤其要"吾日三省吾身"，始终保持清醒头脑，常怀明白之心，常敲律己警钟，出淤泥而不染，让自己任何时候都经得起"聚光灯""放大镜"的审视。要耐得住寂寞，经得

起考验,始终保持初心不动摇,做到干干净净干事、明明白白做人。

三要磨淬工作韧劲。人在事上练,刀在石上磨。党员干部要立足本位工作,在复杂局势前、在风险挑战中、在急难险阻时,要"功成不必在我,功成必定有我",敢于担当、勇挑重担,啃难啃的硬骨头,在逆境中淬炼自身素质,在实践中经风雨、见世面、壮筋骨、长才干,练就担当作为的硬脊梁、铁肩膀、真本事。

其次,对党忠诚要坚守初心使命。

党的十八大以来,习近平总书记多次阐释、科学回答了"我是谁、为了谁、依靠谁"这一基本问题。民罔常怀,怀于有仁。

中国共产党从"为绝大多数人谋利益",到"全心全意为人民服务",再到"坚持以人民为中心的发展思想",历史长河滚滚向前、时代主题涤故更新,不变的永远是以实现人民利益为一切工作的出发点。

历史充分证明,人心向背关系党的生死存亡,人民是我们党执政的最大底气。站在最广大人民之中,赢得人民信任,得到人民支持,党就能够克服任何困难,就能够无往而不胜。

为什么人的问题,是检验一个政党、一个政权性质的试金石。扎实开展党史学习教育,书写践行初心使命的历史新篇章,要求全党始终保持对人民的赤子之心,坚持一切为了人民、一切依靠人民,始终把人民放在心中最高位置、把人民对美好生活的向往作为奋斗目标。

人民是否得实惠、日子过得好不好,也是判断历史进步的重要标准之一。对于年轻干部而言,有必要终身牢记自己是"老百姓的官",拜人民为师、交基层朋友,不断追求"我将无我,不负人民"的精神境界,把理想信念和学习成果转化为解决人民群众实际问题的成效。

再次,对党忠诚要提升政治能力。

政治问题,任何时候都是根本性的大问题。"治其本,朝令而夕从;救其末,百世不改也。"不从政治上认识问题、解决问题,就会陷入头痛医头、脚痛医脚的被动局面。

不可否认，现实中一些忽视政治、淡化政治的问题还比较突出：有的政治站位不高，全局观念不强，总认为讲政治是务虚的、谈政治是唱高调；有的缺乏政治担当，对错误言论不敢亮剑，对不良风气听之任之；有的缺乏政治敏锐性和政治鉴别力，对苗头性倾向性问题不能见微知著……这些政治上的问题，对党的危害不亚于腐败问题，有的甚至比腐败问题更严重。

对党忠诚，党员干部要切实提高政治能力。一要把握正确政治方向。政治方向是党生存发展第一位的问题，事关党的前途命运和事业兴衰成败。党员干部所要坚守的政治方向，就是共产主义远大理想和中国特色社会主义共同理想、"两个一百年"奋斗目标，就是党的基本理论、基本路线、基本方略。

二要不断提高政治敏锐性和政治鉴别力。只有从政治上分析问题才能看清本质，只有从政治上解决问题才能抓住根本。党员干部要炼就一双政治慧眼，善于从政治上分析问题、解决问题，做到观察分析形势把握政治因素，筹划推动工作落实政治要求，处理解决问题防范政治风险。

三要严守党的政治纪律和政治规矩。在所有党的纪律和规矩中，第一位的是政治纪律和政治规矩。年轻干部要时刻用党章、用共产党员标准要求自己，对党的政治纪律和政治规矩怀有敬畏之心，始终在政治立场、政治方向、政治原则、政治道路上同党中央保持高度一致，做到有原则、有底线、有规矩，做到"心不动于微利之诱，目不眩于五色之惑"。

四要增强政治自制力。党员干部要自觉加强政治历练、实践磨炼，面对大是大非和歪风邪气敢于斗争、善于斗争，在任何时候任何情况下都要坚定中国特色社会主义道路自信、理论自信、制度自信、文化自信，真正做到"千磨万击还坚劲，任尔东西南北风"，始终做政治上的"明白人""老实人"。

最后，对党忠诚要实干担当。

对党忠诚并不是挂在嘴上的口号，而是实实在在的行动，是一种担当作为。党员干部要立志为党分忧、为国尽责、为民奉献，要在思想意识上主动对标对表，激发自己干事创业的信心与动力，也要根据自身工作，立足新发展阶段、贯彻新发展理念、构建新发展格局的实际，敢于面对各种矛盾问题，勇于担苦、担难、担重、担险，以实际行动诠释对党的忠诚。

近年来，在脱贫攻坚的主战场，在抗洪抢险的第一线，在援藏援疆的大方阵，都有年轻干部的身影。他们在摸爬滚打中提升本领，在攻坚克难中强化担当，在为民服务中践行初心，得到了群众的好评和组织的认可。

比如严克美大学毕业后回到重庆巫山县当阳乡红槽村担任支部书记，她带着群众修路、建水库、养山羊，村里一天一个样；"90后"彝族小伙阿合尔以放弃繁华的都市生活，回到家乡四川雷波县簸箕梁子乡觉普村挑起了村委会主任的重担，终于在2017年帮助村子摘掉了贫困帽……

然而，现实中也有少数年轻干部把踏踏实实干事抛在身后，有的热衷"自我设计"，醉心"晋升路线图"，总想拉关系、"接天线"，最好"一年一个岗"；有的不想吃苦，拈轻怕重，不愿到条件艰苦的地方工作，凡事"权衡"再三，于己不利的总想推给他人；还有的擅长"假把式"，工作中避实就虚，或追求显绩，喜欢"锦上添花"，不肯下实功……大量现实案例证明，离开了真抓实干，年轻干部不仅不能进步成长，反而容易摔跟头。

实干才能兴邦。新中国成立以来，我们从一穷二白的落后状态发展为世界第二大经济体，创造了人类历史上惊天动地的发展奇迹。靠的是什么？是实干。也正是一代又一代共产党人带着群众艰苦奋斗、苦干实干，才使中华民族焕然一新，迸发出蓬勃生机。

第二章 理论联系实际
是中国共产党的根本学习方法

我们党的历史反复证明，什么时候理论联系实际坚持得好，党和人民事业就能够不断取得胜利；反之，党和人民事业就会受到损失，甚至出现严重曲折。理论联系实际，前提是学懂弄通理论、掌握思想真谛。年轻干部要刻苦钻研马克思主义基本原理特别是新时代党的创新理论成果，努力掌握蕴含其中的立场观点方法、道理学理哲理，做到知其言更知其义、知其然更知其所以然。

——习近平总书记2021年3月1日在2021年春季学期中央党校（国家行政学院）中青年干部培训班开班式上的重要讲话

做党的光荣传统和
优良作风的忠实传人

深圳罗湖区渔民村。在一座铜质的浮雕上,邓小平站在村民中间。

那是1984年1月25日。

30多年过去了,当时的渔民村,现在早已除却它所代表的生产、生活方式的意义,而被视为深圳改革开放以来变化翻天覆地的一个缩影。

在村子300米的长廊里,20幅青铜浮雕记录了渔民村从"水草寮棚""海上飘零"到"翻身解放""春到渔村"的曲折历史。

1980年8月26日,深圳罗湖区渔民村村民的贫穷终于有了一个尽头。中央决定,将深圳列为四个新的经济特区之一。渔民村得天时,占地利,它首先受益于土地收入。当7家香港工厂在渔民村投产时,厂房租金流入村民口袋。当时渔民利用两条货船开始跑运输,到中山、东莞贩运水泥、钢材到深圳贩卖,有了启动资金后,又买了汽车参与陆上的运输生意。短短一年里,全村30余户村民,家家都成了万元户。到了1981年,这里已经被认为是中国当时最富裕的村庄——正是这一名声,吸引了邓小平于1984年前来视察。

浮雕《春到渔村》讲述的就是这段历史。

1992年1月19日上午9时,邓小平乘专列驰骋2441公里后,抵达深圳。这次完全意义上的"私人之行",却让中国改革开放国策得以延续。并且,在他离世后,他的"南方谈话",被理论界称为"政治遗产"。

邓小平使深圳创造了举世瞩目的奇迹,从农业化到工业化,深圳只用了十几年的时间。深圳特区是中国共产党和人民探索中国特色社会主义道路的一个伟大创举,是马克思主义基本原理与中国实际相结合的重大成果。

2012年12月,党的十八大后首次离京考察,习近平总书记就来到这里,发出"将改革开放继续推向前进"的动员令。2018年10月,在庆祝改革开放40周年之际,习近平总书记再次来到这里,号召"继续全面深化改革、全面扩大开放,努力创造出令世界刮目相看的新的更大奇迹"。

2020年10月，在庆祝深圳经济特区建立40周年之际，习近平总书记又一次来到这里，出席庆祝大会并在潮汕地区考察调研，释放出改革开放再出发的时代强音——

"以一往无前的奋斗姿态、风雨无阻的精神状态，改革不停顿，开放不止步，在更高起点上推进改革开放，推动经济特区工作开创新局面，为全面建设社会主义现代化国家、实现第二个百年奋斗目标作出新的更大的贡献。"

一、马克思主义中国化不断与时俱进

理论联系实际，又称理论与实际相结合，是马克思主义理论的基本原则，是中国共产党区别于其他政党的显著标志，也是毛泽东历来倡导并坚持的重要思想。因此，将此作为中国共产党三大作风的首条，有其特殊意义。

> 以马克思列宁主义的理论思想武装起来的中国共产党，在中国人民中产生了新的工作作风，这主要的就是理论和实践相结合的作风，和人民群众紧密地联系在一起的作风以及自我批评的作风。

1945年4月24日，毛泽东在中国共产党的七大上作了《论联合政府》的报告，作了以上表述。此外，他在报告中还明确指出："这是我们党第一次明确把理论联系实际、密切联系群众和批评与自我批评确立为党的三大优良作风。"

毛泽东的这次报告，标志着中国共产党三大优良作风的正式形成。

在中国共产党的三大优良作风中,理论联系实际,是中国共产党的最根本的作风,也是党风中的第一个重要问题。中国共产党是在共产主义思想指导下,为实现共产主义社会制度而奋斗的政党。对中国共产党来说,决不能脱离共产主义世界观的指导,没有理论,就会变成乱碰乱撞的鲁莽家和事务主义者;当然,中国共产党也决不能使理论同现实实践脱节,不懂实际,就会变成空头政治家和教条主义者。只有坚持马克思主义理论,又密切联系实际,把二者结合起来,才能使中国革命、建设和改革走上正确发展的道路。

马克思的名字最早在中文报刊上出现,是在1899年广学会主办的《万国公报》上登载的一篇名为《大同学》的文章中。此文是英国进化论者颉德的著作《社会的进化》前四章的译文,由李提摩太节译、蔡尔康撰文,在《万国公报》上连载。此后不久,即出了全书的中文单行本。此外,广学会在1898年就出版过一本名为《泰西民法志》的书,系英国人所写的《社会主义史》的中译本,其中也讲到马克思、恩格斯及其学说。但这本书发行小,影响有限。

第一次透过评论把马克思介绍给国人的是梁启超。1902年10月28日,《新民丛报》第18号发表了梁启超的《进化论革命者颉德之学说》,文中提到马克思说:"麦喀士(马克思),日尔曼人,社会主义之泰斗也。"又说:"今之德国,有最占势力之二大思想,一曰麦喀士之社会主义,二曰尼志埃(尼采)之个人主义。麦喀士谓:今日社会之弊,在多数之弱者为少数之强者所压伏。"

在辛亥革命前,孙中山、朱执信、廖仲恺、刘师培等,也都曾接触过马克思主义,并摘译过马克思的某些著作。

1905年,孙中山自称为"中国社会主义者",认为中国社会主义者也要采用欧洲的生产方式,直接过渡到社会主义生产阶段,预计十几年内中国所有的行会都是社会主义,可以实现梦寐以求的理想。1905年

11月26日，中国同盟会机关报《民报》第2号发表朱执信在《德意志社会革命家小传》，此文第一次比较详细地介绍了马克思、恩格斯的生平活动，介绍了《共产党宣言》的要点，认为它不同于那些"空言无所稗"的空想社会主义言论。1906年9月，廖仲恺在《社会主义史大纲》中认为，麦喀士（马克思）的学说如决堤洪水，浩浩滔天，势莫能御。从1907年到辛亥革命前，刘师培等在《天义报》上也曾陆续翻译和刊登过一些马克思恩格斯著作的部分内容。

1911年10月10日，孙中山领导的辛亥革命爆发。1912年2月12日，清朝发布退位诏书。至此，中国2132年的帝制历史宣告终结！

辛亥革命是近代中国比较完全意义上的资产阶级民主革命。毛泽东说：辛亥革命"是在比较更完全的意义上"开始了中国的民主主义革命。它的最大功绩在于废除了两三千年的封建帝制，使此后的一切独夫民贼复辟帝制的企图都归于失败。因此，它被称为20世纪中国历史的第一次巨变。

但是，辛亥革命（包括"二次革命"）在政治、军事上失败后，政权落入了以袁世凯为首的北洋军阀手中，使革命党人陷入极大的困境。孙中山的一些良法美意，比如铁道建设、海港设计、实业计划等，均化为泡影。

辛亥革命并没有使中国脱离苦难，不少中国知识分子继续为国家寻找出路。辛亥志士陈独秀在"二次革命"失败后逃亡日本，1915年回到上海，并于同年9月创办《青年》（第二年改为《新青年》），由此在中国发动了一场新文化运动。在陈独秀看来，辛亥革命不成功是因为中国缺少了从意大利文艺复兴到法国启蒙运动这一过程。这一课必须补上，不补上，革命就不能成功；成功了，也不能巩固。其后，中国爆发了"五四"新文化运动。中国青年高举民主、科学两面大旗，向旧文化进行斗争。正如瞿秋白所形容的那样，当时的思想界在长期禁锢下，好像"久雍的

水闸",一旦开放,"喷沫鸣溅",各种新思潮滚滚而来,而马克思主义也就作为新思潮的一种传到了中国。俄国十月革命的一声炮响,更成为这种新思潮流传的催化剂。

"十月革命一声炮响,给我们送来了马克思列宁主义。"这是1949年,毛泽东在总结中国共产党28年的光辉历程时提出的一个著名判断。它以形象化的说法揭示了一个基本事实,即中国共产党真正了解马克思列宁主义,并以它作为自己的理论基础和指导思想是从1917年十月革命后开始的。在十月革命以前,中国人不但不知道列宁、斯大林,也不知道马克思、恩格斯。

在十月革命的影响下,马克思列宁主义在中国的迅速传播,成为不可抗拒的历史潮流,李大钊、陈独秀、李达、李汉俊、毛泽东、周恩来、蔡和森、邓中夏、陈延年、恽代英、瞿秋白等一大批马克思主义者应运而生。在中国,马克思主义的传入为中国共产党的诞生奠定了思想基础。

中国共产党成立伊始,便立即投入中华民族的伟大事业中,在开辟党的历史纪元的同时,也开始了马克思主义中国化的探索历程。中国共产党的成长、发展过程就是在实践中探索马克思主义中国化道路的过程,不仅是马克思主义基本原理同中国具体社会现实相结合的过程,也是汲取中华民族优秀传统文化精粹,获取同马克思主义基本原理和主要思想相结合的过程。

真理总是在与谬误的较量中诞生的,马克思主义中国化已证明了这一点。

早期,少数中国共产党人生搬硬套马克思主义的教条和原理,坚持"本本主义",未能将马克思主义与中国当时的实际情况结合起来,不断地形成"左"的和右的错误思想,导致中国革命遭受了一系列失败和挫折。

马克思、恩格斯、列宁反复强调,他们的理论不是教条,而是行动的指南。毛泽东遵循这一原则，在把马克思列宁主义普遍原理同中国革命具体实际相结合的过程中，在反对主观主义特别是教条主义的斗争中，对理论联系实际的思想作了深刻的论述和发挥。在与各种错误思想，尤其是"左"倾思想斗争的过程中，以毛泽东为代表的共产党人注重运用马克思主义的观点分析中国国情，指导中国革命，具体问题具体分析，逐渐带领党和人民军队开辟了农村包围城市、武装夺取政权的革命道路。

早在1929年6月，毛泽东在批评一些"形式主义"现象时就指出，这只是"历史上一种错误的思想路线上的最后挣扎"。在《古田会议决议》中，毛泽东指出要"教育党员用马克思列宁主义的方法去作政治形势的分析和阶级势力的估量，以代替主观主义的分析和估量"，"使党员注意社会经济的调查和研究，由此来决定斗争的策略和工作的方法"。

1930年5月，毛泽东著成《反对本本主义》，批判照搬"本本"的教条主义，以及单纯建立在"上级"观念上的形式主义，指出这"完全不是共产党人从斗争中创造新局面的思想路线，完全是一种保守路线"，发出"调查就是解决问题""没有调查，没有发言权"的号召。

1938年10月，毛泽东明确指出："使马克思主义在中国具体化，使之在每一表现中带着必须有的中国的特点即是说，按照中国的特点去应用它，成为全党亟待了解并亟须解决的问题。"

早在抗日战争前夕，毛泽东就写了《实践论》和《矛盾论》两篇哲学著作，系统批判了那种割裂认识与实践、理论与实际的统一，对客观情况不调查研究、不作具体分析、不研究矛盾特殊性的唯心主义和形而上学做法，为全党形成和树立实事求是、理论联系实际的优良作风奠定了科学的理论基础。六届六中全会上，毛泽东指出："共产党员应是实事求是的模范，又是具有远见卓识的模范。"随后，毛泽东在《〈共产党人〉发刊词》中提出"马克思列宁主义的理论和中国革命的实践相结合"，指出对这两者结合的程度，是党的成熟程度的主要标志。

做党的光荣传统和
优良作风的忠实传人

至1945年，中国共产党的七大确立"毛泽东思想"为中国共产党的指导思想，马克思主义中国化获得了历史性飞跃。主要体现在：一是提出了"马克思主义中国化"的科学概念。二是明确了"农村包围城市"的中国特色革命道路。三是构建了作为马克思主义中国化第一次历史性飞跃核心理论的新民主主义理论。四是创立了集马克思主义中国化第一次历史性飞跃成果之大全的毛泽东思想。

从新中国成立到中国共产党的十一届三中全会前的近30年，是党在探索建设中国自己的社会主义道路的过程中既有重大胜利又遭受较多曲折的一段历史。1956年4月，毛泽东在《论十大关系》中指出，我们要学的是属于普遍真理的东西，并且学习一定要与中国实际相结合。我们的理论，是马克思列宁主义的普遍真理同中国革命的具体实践相结合。这一年，党的八大成为党在马克思主义理论指导下探索中国自己建设社会主义道路的良好开端。

然而，由于没有建设社会主义国家的现成经验，中国共产党在运用马克思主义指导现实问题的过程中再次发生了偏移，脱离了实际，中间经历了"文化大革命"的十年内乱，给党、国家和人民造成了巨大的损失和危害。

1978年底召开的十一届三中全会终于彻底克服了党的指导思想的"左"的错误，实现了党的历史又一次伟大转折，国家的发展进入一个新的阶段。在这年12月的中央工作会议上，邓小平指出："一个党、一个国家、一个民族，如果一切从本本出发，思想僵化，迷信盛行，那它就不能前进，它的生机就停止了。就要亡党亡国。"随后，全国开展了一场关于实践是检验真理的唯一标准问题的大讨论，开始了思想领域的拨乱反正。这段历史既是马克思主义中国化第一次历史性飞跃的延伸，又是对第二次历史飞跃的准备。

十一届三中全会实现的伟大转折，标志着中国共产党重新奋起，带领中国人民进行改革开放和现代化建设的新的伟大革命，中国从此进入一个新的历史时期。在这一阶段，中国共产党自始至终注重以多种视角，从多个侧面，不断总结建设社会主义的历史的和新鲜的、中国的和外国的、成功的和失败的经验教训，来实现马克思主义同中国实践和时代特征相结合的第二次历史性飞跃。

这一重要阶段，中国共产党逐渐探索出了一条建设中国特色社会主义的道路，形成了"邓小平理论"和"三个代表"重要思想两大理论成果。

党的十四大以来，江泽民强调与时俱进，鲜明提出了创新发展的思想。1992年10月19日在中共十四届一中全会上的讲话，江泽民提出："现在已经明确提出要建立社会主义市场经济体制。这就要求我们在思想认识、管理制度、领导方法等方面都必须相应地来一个很大的转变。过去有许多做法和经验已经不适用了，要根据新的实践要求，重新学习，不断创新，与时俱进。"

党的十六大以来，胡锦涛提出求真务实的思想。2001年9月，党的十五届六中全会作出《中共中央关于加强和改进党的作风建设的决定》就提出了"重实际，说实话，办实事，求实效，努力在全党形成认真学习的风气、民主讨论的风气、积极探索的风气和求真务实的风气"。

习近平总书记十分重视理论与实际的结合，解决思想认识问题，促进观念更新。习近平2021年3月1日在2021年春季学期中央党校（国家行政学院）中青年干部培训班开班式上发表重要讲话强调，要深入学习党的理论创新成果，前后贯通学、及时跟进学，运用党的科学理论优化思想方法，解决思想困惑，检视自身思想作风和精神状态，牢固树立正确的世界观、人生观、价值观和权力观、政绩观、事业观，使自己的思维方式和精神世界更好适应事业发展需要。

习近平还强调，要坚持实事求是、求真务实，从实际出发谋划事业和工作，使提出的点子、政策、方案符合实际情况、符合客观规律、符

做党的光荣传统和
优良作风的忠实传人

合科学精神,以创造性工作把党中央决策部署落到实处。要坚持真抓实干、狠抓落实,一切工作都要往实里做、做出实效,不好高骛远、不脱离实际,力戒形式主义、官僚主义。要把做老实人、说老实话、干老实事作为人生信条,这样才能真正立得稳、行得远。

建党100年来,中国共产党的历史是波澜壮阔的,马克思主义中国化作为党的历史的主线,也在不断向前发展。中国共产党不仅要坚持马克思主义,而且要大力推进马克思主义的中国化,不断加强自身建设,不断推进社会主义事业的新发展,这是中国共产党的历史的重要启示。

二、从"农村包围城市"另辟蹊径

中国共产党成立伊始,富有蓬勃的革命朝气,但是缺乏足够的理论准备和实践经验,对于如何进行革命并没有清晰的认识。

> 过去那么多年的革命工作,是带有很大的盲目性的。如果有人说,有哪一位同志,比如说中央的任何同志,比如说我自己,对于中国革命的规律,在一开始的时候就完全认识了,那是吹牛,你们切记不要相信,没有那回事。过去,特别是开始时期,我们只是一股劲要革命,至于怎么革法,革些什么,哪些先革,哪些后革,哪些要到下一个阶段才革,在相当长的时间内,都没有弄清楚,或者说没有完全弄清楚。

1962年1月30日,毛泽东在扩大的中央工作会议上回顾了党探索革命规律的情况时作了以上这段精彩的表述。

中国共产党正是在这种情况下,经过艰辛的理论和实践探索,逐步开辟了一条农村包围城市、武装夺取政权的中国特色革命道路,并在这条道路成功指引下，最终取得了中国革命的胜利。

农村包围城市、武装夺取政权的革命发展道路的理论，概括地说，就是以乡村为中心，在乡村中建立和发展红色政权，实行"工农武装割据"，在长期的斗争中积聚和发展革命力量，待条件成熟时夺取全国政权。农村包围城市道路理论的核心内容是以乡村为中心的思想。

中国民主革命的中心由城市转到乡村，不是一个简单的地理空间的变动问题，而是如何结合中国革命实际，将革命的立足点放在何处的战略问题。毛泽东在实践的基础上，论证了中国共产党在民主革命时期把工作中心放在乡村的必要性和重要性。

从中国社会的性质来看，中国民主革命必须从农村的武装斗争开始。毛泽东指出，西方资本主义国家的无产阶级可以利用资产阶级政党的民主制度，从中心城市发动和平斗争开始，再转变为武装夺取政权。

从中国革命的性质与特点来看，农民占全国人口的绝大多数，农民问题是中国革命的基本问题。

从敌我力量的对比与分布来看，革命力量必须深入农村，发动农民，建立巩固的农村革命根据地，在长期的革命斗争中壮大革命力量，改变敌强我弱的形势，最后夺取全国政权。

但是，中国共产党建立之初，对中国革命道路问题未形成清楚认识，而从国际共产主义运动的历史和经验来看，无论是巴黎公社，还是十月革命，都是在城市中开展的，所以建党初期党自然地将工作重心放在了城市。1924年国共合作之后，中国共产党在城市中领导了广州沙面工人罢工、五卅运动等一系列工人运动，将大革命逐步推向了高潮。

大革命是指从1924年至1927年中国人民在中国共产党和中国国民党合作领导下进行的反帝反封建的革命斗争。

1924年1月，在中国共产党人的参加和帮助下，孙中山改组国民党，召开中国国民党第一次全国代表大会，重新解释三民主义，第一次

做党的光荣传统和
优良作风的忠实传人

国共合作建立。之后创办黄埔军校，建立国民革命军，组织国民政府。进行东征和南征，平定了反革命叛乱，推动革命迅速发展。在中国共产党的领导下，五卅运动和省港大罢工爆发，掀起了全国的群众革命高潮。1926年7月，国民革命军出兵北伐，攻占了长江流域和黄河流域部分地区。

1926年冬至1927年春，在全国范围内出现了大革命高潮——北伐战争。

在革命形势迅速发展的情况下，帝国主义加紧干涉中国革命，国民党右派加紧勾结帝国主义，篡夺革命领导权。中国共产党内陈独秀右倾投降主义占据领导地位，一味妥协退让。

1927年4月12日，蒋介石在上海发动反革命政变，标志大革命局部失败。7月15日，汪精卫在武汉亦发动反革命政变，血腥屠杀共产党人和工农群众，大革命遂告失败。这给中国共产党敲响了警钟，城市革命道路并不适合中国的特殊国情，中国革命要走符合中国国情的道路。

在探索开辟中国特色革命道路过程中，中国共产党遇到了许多障碍，主要来自共产国际城市中心论的影响。中国共产党为摆脱城市中心论的影响，曾付出很大的代价。可以说，中国共产党摆脱、克服城市中心论影响的过程，实际上也是把马克思列宁主义理论与中国革命实际相结合，找到农村包围城市、武装夺取政权的道路，并把党的工作重心放在农村的过程。

所谓城市中心论，主要是指主张革命发展道路以城市为革命中心、以工人阶级为革命斗争的主要力量，和平时期在城市进行合法斗争；在革命时机成熟时，在城市中举行工人起义，先占领城市，后进攻乡村。即瞿秋白所说的"夺取首都，一击而中"的形式。这是一条欧洲资本主义国家无产阶级革命所经历的、被俄国十月革命证实是正确的道路。但是，这条道路并不适合于半殖民地半封建的中国国情。

大革命时期，由于国共合作的特殊条件，使中国共产党人能够在广州、武汉等大城市进行公开的革命活动，参加长驱直入、攻打大城市的北伐战争，并在上海发动过三次工人武装起义。即使在这时，俄国十月革命的模式仍然对中国共产党有着消极的影响，主要表现是，党内盛行着这样一种观点，即中国无产阶级领导的革命，应当依照俄国十月革命宣传—组织—暴动三个阶段发展的理论来进行。根据这种理论，中国共产党在当时的主要方针是宣传、组织和发动群众，待时机成熟，再举行武装起义。由此，党只注重于群众运动，而忽视对军权的争取，结果，国民党一反动，大革命就失败了。

大革命失败后，中国共产党虽然总结了一些经验教训，开始独立掌握军队、开展武装斗争。但在如何开展武装斗争问题上，一个时间内并没有摆脱俄国十月革命模式的影响，城市中心论仍然在中央处于支配地位。

八七会议后，中国共产党领导起义，开展武装斗争，实现了斗争形式的转变。但在共产国际的影响下，这时中共中央并没有认识到革命形势已转入低潮的现实，而是错误估计形势，盲目乐观，党内的"左"倾情绪潜滋暗长，仍然坚持以城市为中心的革命道路。1927年11月，中共中央在上海召开临时政治局扩大会议，会议由瞿秋白主持，共产国际代表罗米那兹参加。会议误判革命形势仍处于高潮，据此确定了实行全国武装暴动的总策略，并要求农村暴动和城市暴动结合起来，而以城市暴动为"中心及指导者"，以形成城乡的武装总暴动，直到造成一省或几省的革命胜利的局面。这次"左"倾盲动错误，仍坚持城市中心论，严重脱离实际，城市和农村的起义大都以失败告终。

1928年2月，共产国际执委会第九次扩大会议做出的《共产国际关于中国问题的决议案》，断定中国共产党进行的游击战争，建立的小块根据地是散乱的，不相关联的，必致失败的，要求中国共产党"反对对于游击战争的溺爱"，强调要以城市为中心，"准备城市与乡村相配合相适应的发动"。同年6月在莫斯科召开的中国共产党第六次全国代表

大会，接受了此观点。

1930年夏秋期间，是城市中心论对中国革命影响最大的一个时期，集中表现是，中共中央不仅强调应把工作中心放在城市，并在"左"倾冒险主义统治下布置了城市起义和攻打中心城市的行动。

1930年2月26日，中共中央向全党发出第70号《通告》，提出党在当时总的政治路线是"变军阀战争为国内的阶级战争，以推翻国民党的统治，建立苏维埃政权"。"在这一总路线下，党应集中力量积极进攻"，争取一省或几省的首先胜利。为此，决定红军"在战略与战术上必须向着交通要道中心城市发展"；同时要求把组织工人政治罢工、组织地方起义、组织兵变、扩大红军等作为中心策略。与此同时，《通告》还批评了农村割据的做法，指出："一切分散红军，逃避敌人进剿，向偏僻地区发展的观念在现时局势下，便成为极端错误的取消观念。"（《中共中央文件选集》第6册，中共中央党校出版社1983年版，第17、21页）4月3日，中央给红四军前委的信，进一步对红四军的正确做法提出严厉批评，指出："'造成粤闽赣三省边境的红色割据'，或者是'争取江西一省的政权'，这是你们历来的观念，在目前这是极端错误的了！"并重申："猛烈的扩大红军与坚决的向中心城市发展，是红军当前最主要的任务。"（《中共中央文件选集》第6册，第39页）此后，中共中央、中央军委又发出指示、召开会议对此作了具体部署。

在这个过程中，中共中央政治局常委、中央秘书长、宣传部长李立三，在党内刊物和会议上陆续发表文章和讲话，对国际国内形势和党的方针政策提出了系统的错误主张。他一再强调加紧城市工人工作对于夺取中心城市和一省与几省政权的重要性。他说："没有中心城市，产业区域，特别是铁路海员兵工厂工人群众的罢工高潮，决不能有一省与几省政权的胜利。想'以乡村来包围城市'，'单凭红军来夺取中心城市'都只是一种幻想，一种绝对错误的观念"。所以组织政治罢工，"是准备一

省与几省政权夺取的最主要的策略"。(《中共中央文件选集》第6册,第60页)

为了强调城市工人斗争的重要性,他还把半殖民地半封建的中国乡村与城市的关系作如下的比喻和描述说:"乡村是统治阶级的四肢,城市才是他们的头脑与心腹,单只斩断了他的四肢,而没有斩断他的头脑,炸裂他的心腹,还不能制他的最后的死命。这一斩断统治阶级的头脑,炸裂他的心腹的残酷的争斗,主要是靠工人阶级的最后的激烈争斗——武装暴动。所以忽视准备工人阶级的武装暴动,不只是策略上的严重的错误,而且会成为不可饶恕的罪过。"(《中共中央文件选集》第6册,第62页)

李立三在一次讲话中还指名批评毛泽东的路线说:猛烈地扩大红军有两个障碍,"一是苏维埃区域的保守观念,一是红军狭隘的游击战略,最明显的是四军毛泽东,他有他一贯的游击观念,这一路线完全与中央的路线不同。"(《中共中央文件选集》第6册,第82页)可以看出,李立三从坚持城市中心论的冒险路线出发,把毛泽东坚持的农村包围城市、武装夺取政权的正确道路,作为"狭隘的""保守的"路线,加以批评和反对,这是完全错误的。

1930年6月11日,中共中央政治局召开会议,通过了李立三起草的《目前政治任务的决议》(即《新的革命高潮与一省数省的首先胜利》)。决议的通过、贯彻执行,标志着李立三"左"倾冒险主义在中共中央领导机关中占据了统治地位。《决议》除集中了他在有关世界形势和中国革命与世界革命的关系、中国革命的形势和党的任务、党的策略路线、革命转变等问题上已有的错误外,最突出的是,在上述错误思想的指导下,制定了以武汉为中心的全国中心城市暴动和集中红军攻打中心城市的冒险计划。

由于李立三所推行的路线、方针、政策,所提出的行动计划和要求,

做党的光荣传统和
优良作风的忠实传人

纯粹是建立在城市中心论加主观臆断的基础之上的，严重脱离了中国革命实际，脱离了群众，难于实现。它在执行中也就不能不处处碰壁，不能不给中国革命事业造成严重危害。首先使党的城市工作受到很大损害，许多党的省委机关先后被敌人破坏。同时，使进攻中心城市的红军遭到损失。

中国共产党的六届三中全会结束了李立三的"左"倾错误，但是不久，共产国际对李立三等所犯错误性质的估计有了变化，对瞿秋白等新的中共中央领导人不满，于是又指示中国共产党召开六届四中全会。1931年1月7日，中国共产党扩大的六届四中全会在上海召开，在共产国际远东局副部长米夫的操控下，王明实际获得了中央的领导权。这样，李立三"左"倾冒险错误被纠正后不久，又形成了王明"左"倾教条主义错误在中央的统治。

王明同样坚持城市中心的观点，他按照共产国际决议提出："在中国正在成熟着新的革命运动，新的高潮最可靠的标志是工人罢工斗争的高潮"；"组织领导工人阶级的经济斗争，真正准备总同盟罢工以至武装起义，是共产党的最主要任务"。王明虽然也表示重视红军的力量，但他完全不懂得在敌强我弱的形势下，红军作战的规律和革命根据地发展的规律。最终导致红军第五次反"围剿"失利，土地革命战争悲惨地失败了，党和中国革命再次陷入了绝境。

实践反复证明，照抄马列本本、共产国际决议，照搬俄国革命经验，走以城市为中心的革命道路行不通，只有探索出中国特色的革命道路才是夺取革命胜利的唯一的正确出路。

八七会议后，除了毛泽东领导的湘赣边界秋收起义外，湖北、广东、江西以及陕西、河南、直隶等省的党组织也发动了多次武装起义，但这些起义基本都失败了，因此越来越多的革命者认识到，到农村去，特别是到那些受过大革命风暴影响的农村去，会有革命发展的广阔天地。各地起义中保存下来的一部分革命力量,开始深入农村,开展武装斗争,创建农村革命根据地。继井冈山革命根据地之后,赣南、闽西根据地,湘赣、湘鄂赣根据地,湘鄂西、鄂豫皖根据地,闽浙赣根据地,左、右江根据地,琼崖根据地,相继建立。到1930年夏,全国已建立起大大小小十余块农村革命根据地,红军发展到7万人,连同地方武装共约10万人,农村根据地已成为积蓄和壮大革命力量的主阵地。

毛泽东从中国国情出发,提出了以农村为中心的思想。1930年1月,他在给红四军第一纵队司令员林彪的信(《星星之火,可以燎原》)中,论证了红色政权在半殖民地中国存在的必然性,强调它是"无产阶级领导之下的农民斗争的最高形式",要"必须这样"做,即必须走建立和扩大农村革命根据地的道路,才能促进全国革命高潮。这里已没有1929年4月5日给中央的信中关于"大区域产业支部之创造"是"最大任务","农村斗争的发展"是"帮助城市斗争"等提法,表明毛泽东已摆脱城市中心论的影响,思想有了进一步发展,基本形成适合中国情况的走农村包围城市道路的革命理论。

毛泽东阐明的农村包围城市、武装夺取政权道路的思想,是对马克思列宁主义关于武装夺取政权学说的重大发展,它反映了中国革命发展的特殊规律,指明了中国革命走向胜利的唯一的道路。

1935年1月15日至17日,中共中央政治局在贵州遵义召开了独立自主地解决中国革命问题的一次极其重要的扩大会议。这是在红军第五次反"围剿"失败和长征初期严重受挫的情况下,为了纠正王明"左"倾领导在军事指挥上的错误而召开的重要会议。

遵义会议结束了王明"左"倾机会主义路线在党中央的统治,确立了以毛泽东为代表的新的中央正确领导,把党的路线转到了马克思列宁主义的轨道上来。遵义会议,在中国革命的危急关头,挽救了党,挽救了红军,挽救了中国革命,是中国共产党历史上一个生死攸关的转折点。

遵义会议是中国共产党第一次独立自主地运用马列主义基本原理解决自己的路线、方针和政策的会议。它是中国共产党从幼年的党走上成熟的党的标志。从此，中国革命就在毛泽东为代表的正确路线指引下走上胜利发展的道路。

三、"没有调查，就没有发言权"

1930年，毛泽东在《反对本本主义》一文中，提出"没有调查，没有发言权"这个著名论断，强调调查研究是做好一切工作的前提。不久，在1931年春他又进一步提出"不做正确的调查同样没有发言权"。毛泽东不仅奠定了调查研究的理论，而且作了很多农村调查，在中国共产党的工作方法上开创了一代新风。《毛泽东文集》选入了他的一些著名的调查报告，比如《寻乌调查》《长冈乡调查》《才溪乡调查》等，这是毛泽东认识中国农村、中国社会的珍贵记录。

要理论联系实际，要实事求是，一切从实际出发，前提是做好调查研究。在这方面，毛泽东堪称中国共产党调查研究的典范。

早在学生时代，毛泽东就崇尚调查研究，常常利用暑期开展"游学"式社会调研。1925年初，从《共产党宣言》中拿起了"阶级斗争"武器的毛泽东，回到故乡韶山，一边搞农村调查和农民运动，一边研究实际的农村阶级斗争。后来，毛泽东曾回忆说，以前我没有充分认识到农民中间阶级斗争的程度，这次回韶山后，才体会到湖南农民变得非常富有战斗性。

几个月之后，毛泽东写出了《中国社会各阶级的分析》这篇重要文章，发表在1925年12月1日国民革命军第二军司令部编印的《革命》第四期上。1951年，毛泽东把它收入《毛泽东选集》，作为全书的开卷篇。

1926年年底，身穿蓝布长衫、手拿雨伞的毛泽东回到湖南农村，历时32天、行程700公里，对湖南的农民运动作了一次详细调查。

在调查中，毛泽东看到：农民的主要攻击目标是土豪劣绅、不法地主、各种宗法思想和制度、城里的贪官污吏。这个攻击的形势，简直是急风暴雨。几千年封建地主的特权，被打得落花流水。农会成了唯一的权力机关。那些土豪劣绅们，头等的跑到上海，二等的跑到汉口，三等的跑到长沙，四等的跑到县城，五等以下的则在乡里向农会投降。他们甚至愿意拿出些钱来，请求农会干部批准他们加入农民协会。这一切，都是以前见所未见、闻所未闻的奇事，但它们却实实在在地发生了。但一切又似乎才刚刚开始。这让毛泽东大开了眼界，也使他兴奋不已。他对农民革命排山倒海般的力量认识得更加清楚，体会更加深刻。

1927年2月12日，毛泽东结束32天的考察，从长沙回到武汉，住在武昌都府堤41号。16日，他写信给中共中央，表示中央对农民运动政策有很大的缺点，并很快写成了2万多字的《湖南农民运动考察报告》。

毛泽东在《湖南农民运动考察报告》中兴奋地感叹："孙中山先生致力国民革命40年所要做而没有做到的事，农民在几个月内做到了。这是40年乃至几千年未曾成就过的奇勋。这是好得很，完全不是什么糟得很。"

1927年3月5日，《湖南农民运动考察报告》在中共湖南省委机关报《战士周报》连载，社会反响十分强烈。接着，又在中共中央机关刊物《向导》上刊载，随后汉口《民国日报》《湖南民报》相继转载。远方的共产国际也注意到了毛泽东的这个考察报告。共产国际执委会机关刊物《共产国际》，先后用俄文和英文翻译发表了这个报告。这是毛泽东第一篇被介绍到国外的文章。英文版的编者按说："在迄今为止的介绍中国农村状况的英文版刊物中，这篇报道最为清晰。"

毛泽东在《中国社会各阶级的分析》和《湖南农民运动考察报告》中表现出来的对农民运动的认识，已超出中央的认识。他从对农村、农

民在中国社会结构中的特殊地位来说明农民革命的重要性，从分析农民中各阶层的经济、政治地位来说明农民革命的动力和目标。这就比较具体地阐明了中国革命的主要依靠力量问题，大大深化了人们的认识。

此外，《寻乌调查》和《反对本本主义》是毛泽东在寻乌县进行调查后，收集了大量的第一手材料而写出的调查报告。这两篇文章都是为了解当时的中国国情而写的，反对"城市中心"论，反对党内和红军中的教条主义。

1930年，中国共产党经历了第一次国共合作失败的惨痛教训。毛泽东深刻地意识到进行社会革命的必要性，农民的重要性，认为要认识中国、改造中国就必须对中国的农村进行认真的调查，深入到社会最底层，感受农民的生活疾苦，了解农民内心真正的渴望与需求，从而紧紧抓住农民这一最大最可靠的同盟军，为他的土地改革创造有利的条件，为他的革命奠定群众基础。同年5月，毛泽东在寻乌进行了长达一个月的农村调查。1931年，毛泽东利用战斗间隙，把在寻乌调查中得来的第一手资料整理成5章39节长达8万多字的调查报告，这就是调查研究的典范之作——《寻乌调查》。

1930年5月，毛泽东在寻乌作社会调查期间，还写下一篇题为《反对本本主义》（原题为《调查工作》）的文章，深刻地阐明坚持辩证唯物主义的思想路线、坚持理论与实际相结合原则的重要性。

毛泽东在《反对本本主义》中指出："马克思主义的'本本'是要学习的，但是必须同我国的实际情况相结合。我们需要'本本'，但是一定要纠正脱离实际情况的本本主义。""中国革命斗争的胜利要靠中国同志了解中国情况。"

此文中，毛泽东在中国共产党内首次提出了"从斗争中创造新局面的思想路线"。他强调指出："无产阶级要取得胜利，就完全要靠他的政党——共产党的斗争策略的正确和坚决。共产党正确而不动摇的斗争策略，决不是少数人坐在房子里能产生的，它是要在群众的斗争过程中才能产生的，这就是说要在实际经验中才能产生。因此，我们需要时时了解社会情况，时时进行实际调查。"

针对党内一部分人只满足于书本上的知识，生吞活剥地对待马列主义，不深入实际调查研究，却喜欢夸夸其谈的不良倾向，毛泽东响亮地首次提出了"没有调查，没有发言权"的科学论断，并谆谆告诫同志："一切结论的产生都是在调查情况的末尾，而不是在它的先头。"不论做什么工作，了解和处理什么问题，都必须经过认真的调查研究，才能获得正确的结论。

20世纪30年代初，可谓毛泽东调查研究的高峰期，他深入基层，除了上述调查报告外，他还连续写出了《兴国调查》《东塘等处调查》《木口村调查》等一系列调查报告，从实际出发，把马克思主义的普遍真理同中国革命的具体实际结合起来，为解决土地革命中的基本政策，提供了可靠依据。1933年11月，为总结和指导各级苏维埃的工作，他又接连完成了《长冈乡调查》《才溪乡调查》，解剖了典型，推动苏区各级苏维埃工作健康发展。

毛泽东的一生，是调查研究的一生，他不仅自己注重调查研究，也要求其他领导干部要注意调查研究。

1960年12月24日到1961年1月13日，中共中央在北京召开工作会议。会议议程有三项：一、关于农村整风整社和纠正"五风"问题（"共产风"、浮夸风、命令风、干部特殊风和对生产瞎指挥风）；二、关于一九六一年国民经济计划问题；三、关于世界各国共产党和工人党代表会议的报告。由于面临着严重的经济困难，大家头脑都比较冷静，能够面对现实，和衷共济地为克服暂时困难而共谋大计。会议期间毛泽东听了五次汇报，经过充分讨论、酝酿和思考，毛泽东关于大兴调查研究之风的思想逐渐形成。在中央工作会议最后的一天，一月十三日，发表了

以大兴调查研究之风为主旨的讲话。

1961年1月,在中国共产党的八届九中全会以及此前召开的中央工作会议上,毛泽东多次发表讲话,要求全党恢复实事求是、调查研究的作风。他希望与会者回去大兴调查研究之风,一切从实际出发。

随后,中共中央向各中央局、省、市、区党委致信,并附上1930年毛泽东写的《关于调查工作》(即《反对本本主义》)一文,要求县以上各级领导机关联系实际认真学习。信中指出:深入基层调查研究,是领导工作的首要任务。

全会之后,毛泽东亲自组织和指导三个调查组,分赴浙、湘、粤农村进行调研。中央其他领导人也分别到农村调查。各省、市、自治区党委书记也纷纷深入基层。形成了一股浓烈的调查研究风气,解决了实际工作中存在的许多问题。

如今,毛泽东关于"没有调查,没有发言权""中国革命斗争的胜利要靠中国同志了解中国情况"等至理名言,依然像警钟长鸣,时刻提醒我们,要注意调查研究,把马克思主义与中国革命实际相结合。

回首历史,就是要从历史的脉络中,寻找历史与社会发展的规律和方向,并为当下工作作出有益的指导。这样一种通过对历史的严谨考查,并与现实紧密结合,让"没有调查,就没有发言权"的历史经验重新展现,对今天工作将会产生重要的指导意义,它让历史与现实得以打通与连接,让历史成为今日工作的指针,使得我们今后能少走弯路,会走得更快更好更远。

四、中央党校的著名校训——实事求是

北京颐和园北方的玉泉山,离山脚不远处有一座大型院落,四周高墙围绕,里面有秀丽的人工湖,点缀着亭台楼阁,中国传统的和苏联风

格的巨大建筑错落其中，这个神秘的大院，就是中共中央党校（以下简称中央党校）。

一说起中央党校，普通人的第一反应是：这是一个培养党的高级干部的地方。

毛泽东、董必武、胡锦涛、习近平……没有哪所学府会像它一样，由党和国家领导人出任校长。中共中央党校地位之特殊，还体现在理论创新方面。"实践是检验真理的唯一标准""依法治国""和平崛起"……几十年来，众多对不同时期具有重大意义和影响的创新理论，都从这里传播出来。

在中央党校广场上，有一尊刻着"实事求是"4个大字的长方形巨石。这4个字，是毛泽东题写的中央党校校训，是中央党校最负盛名的"景点"。

中央党校的前身是1933年3月13日创办于中央革命根据地江西省瑞金市的马克思共产主义学校，这是轮训和培训中国共产党的高中级领导干部和马克思主义理论干部的最高学府，是中国共产党中央直属的重要部门，是学习、研究、宣传马列主义、毛泽东思想和中国特色社会主义理论体系的重要阵地和干部加强党性锻炼的熔炉，是党的哲学社会科学研究机构。

1935年，马克思共产主义学校随中国工农红军长征到达陕北后改称中央党校，1937年迁入延安。1943年初，中央政治局推举毛泽东为政治局主席、书记处主席，并兼任中央党校校长。

毛泽东出任中央党校校长后，采取了三大创新性举措：其一，对办学思想进行改革，停止执行理论与实际割裂、脱节的教学计划和安排，采用理论联系实际的教学方针；其二，鼓励学员参加大生产运动，一方面锻炼自己，另一方面通过自力更生，实现自给自足；其三，广泛开展文艺活动，活跃生活，配合教学。

1941年年底，时任中央党校副校长的彭真向毛泽东请示中央党校的

校训应是什么。毛泽东说:"应是实事求是,不尚空谈。"此后,根据毛泽东的指示精神,彭真和中央党校的领导人员规定了3条办校方针:一是实事求是,不尚空谈;二是坚持真理,随时修正错误;三是把自己的言行当作客观事物来对待。

"实事求是"一词出自《汉书》,《汉书·河间献王传》曰:"修学好古,实事求是。从民得善书,必为好写与之,留其真。"

1941年5月19日毛泽东在《改造我们的学习》一文中,首次对"实事求是"作了解读。毛泽东认为,"是"就是事物的规律,"求是"就是认真追求、研究事物的发展规律,找出周围事物的内部联系,作为我们工作的向导。毛泽东还解释说:学习马克思主义要"有的放矢","的"就是中国革命,"矢"就是马克思列宁主义。中国共产党人所以要找"矢",就是为了要射中国革命这个"的"。这种态度就是"实事求是"的态度。"这种态度,有实事求是之意,无哗众取宠之心。这种态度,就是党性的表现,就是理论和实践统一的马克思列宁主义的作风"。

毛泽东解读和强调"实事求是"的用意,不是要求每个人把所有的客观事物都搞清楚,都能找出一切事物的内部联系和发现所有规律。其要义在于,从实际出发,理论联系实际,不断创新理论,解决中国的实际问题。

1943年,为了给学员创造更好的学习环境,丰富师生的精神文化生活,中央党校修建了一座占地1200平方米、可容纳千余人的大礼堂。将要竣工时,人们左看右看,觉得建筑物虽然雄伟、宽敞,可总显得少点什么。于是,有人提议在正面挂个题词什么的。一说题词,大家就很自然地想到范文澜。但范文澜试着写了几条,都觉得不满意,就提议去找毛泽东。

毛泽东欣然接受了党校同志的请求。他秉笔沉思片刻,即饱蘸浓墨,迅速挥毫,瞬间,"实事求是"四个雄健潇洒的大字跃然纸上。大家齐

★ 第二章 理论联系实际是中国共产党的根本学习方法 ★

声称赞毛泽东对马列主义研究得精深、透彻，一下就抓住了问题的实质。

"实事求是"的石刻镶嵌入正门后，犹如画龙点睛，使这座建筑物倍生光辉。从此，这一题词就成了党校学员乃至全党学习研究马列主义的座右铭。

从那时起，到1947年3月中央党校因内战被迫暂时停办，毛泽东始终直接领导中央党校的工作。中央党校得到进一步扩大，学员由几百人发展到了3000多人。其间，全国各个战区党的负责人等大批党的高级干部，曾到中央党校参加培训。比如，陈赓大将就曾于1943年11月到中央党校学习。

毛泽东将"实事求是"作为中央党校的校训，给人们耳目一新的感觉，这不仅因为这一校训是针对当时存在于党内的脱离实际、崇尚空谈的教条主义，更主要的是毛泽东赋予了"实事求是"全新的科学含义。

毛泽东做事历来认真，他不是解读完"实事求是"或为中央党校确定校训和题个词就万事大吉。据中央党校科研部倪德刚教授在"纪念毛泽东提出中央党校校训70周年"时于《学习时报》撰文介绍：

> 1941年，毛泽东在延安马列研究院的成立大会上，以《实事求是》为题作了报告，这是毛泽东一生，以此为题作的唯一一次报告。《毛泽东年谱》对这个报告内容只做了简要介绍：大家一定要以马列主义基本原理为指导，要以研究中国革命实际问题为中心，要调查研究敌友我三方面的历史和现状。可以肯定地说，毛泽东作报告决不会干巴巴的仅这几句话。不知何故，《实事求是》这篇报告全文，未收入到毛泽东公开出版的著作之中，权且遗憾吧！

1942年2月，毛泽东在中央党校开学典礼上的演说中进一步指出：

直到现在,还有不少的人,把马克思列宁主义书本上的某些个别字句看作现成的灵丹圣药,似乎只要得了它,就可以不费气力地包医百病。这是一种幼稚者的蒙昧,我们对这些人应该作启蒙运动。那些将马克思列宁主义当宗教教条看待的人,就是这种蒙昧无知的人。对于这种人,应该老实地对他说,你的教条一点什么用处也没有。

就这样,"实事求是"进入中国哲学的最高领域,成为中国共产党的行动指南。正如后来邓小平所说:"毛泽东思想的基本点就是实事求是,就是把马列主义的普遍原理同中国革命的具体实践相结合。毛泽东同志在延安为中央党校题了'实事求是'四个大字,毛泽东思想的精髓就是这四个字。毛泽东同志所以伟大,能把中国革命引导到胜利,归根到底,就是靠这个。"

五、第五次反"围剿"为什么失败

1931年,"九一八"事变后,中日矛盾日益尖锐。在国难当头的关键时刻,蒋介石置民族利益不顾,坚持"攘外必先安内"的反动政策,先后对中央苏区发动了疯狂的军事围剿,惨烈场面前所未有。

从1930年底至1934年10月,蒋介石指挥国民党军对中央苏区先后发动了5次大规模的"围剿"战争,参加"围剿"的兵力逐次增加,从第一次"围剿"时的10万人增加到第五次"围剿"时的50万人。在前四次反"围剿"战斗中,中央红军按照毛泽东的运动战方略,机动灵活地阻击敌人,均获得胜利。然而,1933年9月开始的第五次反"围剿"历时一年,却未能取得成功,中央红军最后不得不放弃中央苏区进行战略转移，即史上有名的长征。

在这四次反"围剿"中，中国共产党均呈现了强悍的政治力量，为何在第五次反"围剿"中遭遇重创呢？

早在1933年3月，第四次反"围剿"战争胜利之后，中共临时中央并没有对即将到来的国民党军新一轮"围剿"作认真准备。相反，此次反"围剿"刚一结束，就命令连战场还未清理的红一方面军，北上攻取乐安，以贯彻其扩大苏区和夺取大城市的战略方针。此后，红军多次发动对乐安、宜黄等城的攻击，但由于国民党军构筑了坚固的堡垒而未能奏效。

1933年6月，蒋介石经过半年多的准备，调集100万大军和200架飞机，自任总司令，向各根据地发动了空前规模的第五次"围剿"。其中直接用于进攻中央根据地的兵力达50万人。蒋介石实行"三分军事、七分政治"的方针，政治上进一步加强法西斯统治，经济上实行封锁，军事上采取持久战和堡垒主义的新战略，企图达到消灭红军和摧毁中央根据地的目的。

在第五次反"围剿"中，由于毛泽东失去领导权，面对国民党军采取堡垒主义新战略和重兵进攻，中共临时中央领导人博古等却错误认为，这次反"围剿"战争是争取中国革命完全胜利的阶级决战。在军事战略上，拒绝和排斥红军历次反"围剿"的正确战略方针和作战原则，继续实行"左"倾冒险主义的战略指导，提出"御敌于国门之外"的方针，企图以阵地战、正规战在苏区外制敌，保守苏区每一寸土地。

在此期间，由于中央实行军事冒险主义的错误指导，红一方面军实行分离作战，一部分组成中央军，在抚河流域积极活动，牵制敌人，一部分组成东方军，入闽作战，实行所谓"两个拳头打人"，丧失了进行反"围剿"准备的宝贵时间。中共临时中央领导人震惊于黎川一城之失，立即命令东方军撤围将乐、顺昌，北上就敌，恢复黎川，在洵口打了一

个胜仗后,接着去进攻有敌重兵扼守的硝石、资溪桥,潭头市、浒湾、八角等据点,使红军连遭失利。

在实行冒险主义的进攻遭受挫折后,他们又畏敌如虎,实行处处设防、节节抵御的军事保守主义方针,大量构筑防御工事,规定红军的基本任务是以阵地防御结合短促突击,迟滞敌人的进攻。"福建事变"时,不是乘机将红军主力突进到以浙江为中心的苏浙皖赣地区去,把战略防御转变为战略进攻,迫使敌军回援其根本重地,粉碎敌人的"围剿",并援助福建人民政府,而是将红军主力西调永丰地区,去进攻敌人的堡垒线。蒋介石在武力解决"福建事变"之后,将进入福建的部队组成东路军,以蒋鼎文为总司令,进一步完成了对中央根据地的进攻。

1934年1月,中共临时中央在江西瑞金召开了六届五中全会。这次会议把以王明为代表的"左"倾冒险主义的错误推向了顶点。"左"倾冒险主义的进一步发展,使得红军在反"围剿"战争中只能继续执行前一段的错误战略战术,从而在蒋介石重新发动的进攻面前遭到更为严重的损失。

1934年4月中旬,国民党军队集中优势兵力进攻中央苏区的北大门广昌。"左"倾错误领导不顾敌强我弱的实际情况,调集红军主力同敌人"决战"。经过18天的血战,部队遭受重大伤亡,广昌失守。7月,在敌人新的进攻面前,又兵分六路,全线防御。10月初,兴国、宁都、石城一线相继失陷,中央苏区的地域日渐缩小,红军力量严重削弱。

仗,越打越被动。损失,越来越惨重。而"左"倾错误则"主张分兵把口,因而完全处于被动,东堵西击,穷于应付,以至兵日少而地日蹙"。此时,毛泽东再次提出,红军主力应立即向湖南中部挺进,调动敌人至湖南而歼灭之,但此建议又为李德等人拒绝。经过一年,第五次反"围剿",终告失败。

红军在根据地内粉碎敌人"围剿"的可能性已经完全丧失,中央红军主力被迫实行战略转移。1934年10月中旬，中共中央机关和中央红军8.6万多人撤离中央苏区，踏上向西突围的征途。这便是长征的开始。

"打破第五次'围剿'的希望就最后断绝，剩下长征一条路了。"这是刘伯承元帅后来对当时局面的感叹。

除军事上受制于敌之外，第五次反"围剿"失败，还有内生瓶颈的制约。据中国社会科学院近代史研究所黄道炫研究员所著的《张力与限界：中央苏区的革命（1933–1934）》一书记载：

> 当时中央苏区人力、物力、经济、政治资源都日益匮乏，中共生存和作战资源都面临极大挑战。中共政策越发激进，肃反运动、查田运动、扩红运动、滥发公债、强收谷米同时展开。竭泽而渔，殊求无度的极端办法，加上国民党军严密封锁，两年之内便把苏区弄到资源枯竭、师老兵疲、财尽民困之境。中央苏区约300万人口，而脱产半脱产人员达三四十万人，平均每八人养活一员，负担奇重。1934年中央苏区农民负担平均达到其收入的15.7%，有的达30%以上。

理论联系实际，是中国共产党在早期革命斗争中吃尽苦头得出的沉痛教训。第五次反"围剿"的失败，使全党第一次深刻认识到教条主义的危害。

六、"大跃进"的历史教训

1958年初，由中央领导人发动的"大跃进"运动，参加人员之广、声势之大，真可谓历史上少有。凡是生活在那个年代的人们，无不留下深刻的印象。一桩桩、一件件的往事，至今还记忆犹新，令人难以忘怀。

做党的光荣传统和
优良作风的忠实传人

"大跃进"运动是指1958年至1960年间,中国共产党在全国范围内开展的极"左"路线的运动,是在中共八届三中全会及其以后不断地错误批判1956年反冒进的基础上发动起来的,是"左"倾冒进的产物。

1958年5月,中共八大二次会议正式通过了"鼓足干劲、力争上游、多快好省地建设社会主义"的总路线。尽管这条总路线的出发点是要尽快地改变我国经济文化落后的状况,但由于忽视了客观经济规律,根本不可能迅速地改变我国经济文化落后的状况。总路线提出后,党发动了"大跃进"运动。"大跃进"运动,在生产发展上追求高速度,以实现工农业生产高指标为目标。要求工农业主要产品的产量成倍、几倍、甚至几十倍地增长。

在运动中,以高指标、瞎指挥、浮夸风和共产风为主要标志的"左"倾错误严重泛滥。中共中央从1958年11月第一次郑州会议到1959年7月庐山会议前期,曾努力领导全党纠正已经察觉到的错误。但庐山会议后期,由于对彭德怀等人的错误批判,在全党开展了"反右倾"的斗争,使错误延续了更长时间,造成了国民经济更重大的损失。

如今,"大跃进"已经过去多年,但是它的影响却是深远的,教训也是深刻的,那就是在发展经济的过程中,要从实际出发,做到实事求是。

1962年1月11日"七千人大会"在北京召开。2月7日闭幕。这是中共中央在北京召开扩大的工作会议(又称"七千人大会")。会议初步总结了"大跃进"中的经验教训,认为我们工作中所犯错误除了经验不够的原因外,根本的原因是不少领导不够谦虚谨慎,违反了实事求是和群众路线的传统作风,在不同程度上削弱了党内生活、国家生活和群众生活中的民主集中制原则。

在会上,毛泽东确确实实认识到了自己存在的一些问题,而且发表了一番既实事求是、又诚恳谦逊的话:

在社会主义建设上,我们还有很大的盲目性。社会主义经济,对于我们来说,还有许多未被认识的必然王国。拿我来说,经济建设工作中间的许多问题,还不懂得。工业、商业,我就不大懂。别人比我懂,少奇同志比我懂,恩来同志比我懂,小平同志比我懂。陈云同志,特别是他,懂得较多。对于农业,我懂得一点。但是也只是比较地懂得,还是懂得不多。我注意得较多的是制度方面的问题,生产关系方面的问题。至于生产力方面,我的知识很少。社会主义建设,从我们全党来说,知识都非常不够。我们应当在今后一段时间内,积累经验,努力学习,在实践中间逐步加深对它的认识,弄清楚它的规律。

从浮夸风的教训中,毛泽东引出一条党内领导作风的底线,这就是:"不讲经过努力实在做不到而又勉强讲做得到的假话。收获多少,就讲多少,不可以讲不合实际情况的假话。""老实人,敢讲真话的人,归根到底,于人民事业有利,于自己也不吃亏。"(《毛泽东年谱(1949—1976)》第4卷,第35页)为克服主观武断的"瞎指挥",毛泽东从工作方法和领导方法的角度提倡"调查研究""多谋善断""留有余地""勿务虚名而招实祸"等,甚至搬出历史上海瑞直言进谏、郭嘉多谋善断、刘邦肯于纳谏、项羽独断专行等各种各样的故事,来提醒各级领导干部,必须以史为鉴。有意思的是,他还多次提到要学美国的实际精神和科学精神,说"大跃进"的教训是"搞了俄国的革命热情,没有搞美国的实际精神"(《毛泽东年谱(1949—1976)》第3卷,第557页);在与自然界作斗争方面,美国也是我们的先生,经济建设也是科学(参见《毛泽东年谱(1949—1976)》第4卷,第68页)。

怎样才能科学和实际呢?毛泽东提出,各方面的工作光有一个管总的路线指导还不行,还要制定一整套适合情况的具体的方针、政策和办

法。(参见《毛泽东年谱(1949—1976)》第5卷,第80页)正是在1960年代初期,中央在工业、农业、商业、科学、教育、文艺各方面制定了一批具体的条例制度,意在使党对各行各业的领导和管理有章可循,按规矩办事,不再主观武断,从而使领导干部的决策更符合实际、更科学准确。

据新华社报道,经中央批准,由中共中央文献研究室编辑的《邓小平文集(1949—1974)》和撰写的《邓小平传(1904—1974)》,分别由人民出版社和中央文献出版社出版。三卷本的《文集》编入文稿406篇,80余万字,其中的大部分文稿是第一次公开发表。邓小平"文革"期间的部分文稿,首次对外披露。1961年3月27日,邓小平在中央书记处会议上谈及"大跃进"教训时指出:

> 教训是深刻的或是沉痛的,实事求是的精神受了损害。为什么不实事求是?就是方法出了问题。实事求是,就是对实际情况真正了解。真正了解实际情况,就要调查研究。过去几年调查研究很少,搞了许多虚假现象。毛主席自我检讨了,并对省地市及中央各部委将了一大军。毛主席调研最多,他说也不够。这是这几年的根本教训。
>
> 老实说,过去战争期间和解放初期,还是注意调研的,工作也是深入的。最近几年,工作好了,舒服了,就不搞调研了。中央也是按级听汇报,群众的呼声听不到,听到也不重视,对各阶级的动态,群众的意见知道得少,许多事就是那么一下子下去,又不经过试验后再推开,都是一哄而起,结果"一平二调"发展了。这些教训首先是没有从调查研究着手。总之,过去几年的方法不对头。

可见,"大跃进"运动,是中国共产党在领导全国人民进行社会主义建设探索过程中发生的一次重大失误。同时,也是一次极其深刻的历史教训。这对我们今天的中国特色社会主义建设,依然有着现实的警示意义。

七、真理标准讨论是实事求是的回归

一个伟大事件对历史的影响,往往随着时间的推移而不断显示出来。回顾改革开放40多年的历史进程,展望中国特色社会主义事业的未来前景,我们深深感到,真理标准问题的讨论就是这样一个伟大的历史事件。

40多年前,中国正处在一个重大的历史关头。粉碎"四人帮",结束"文化大革命",举国欢腾,人心思变,百业待举。但许多人还不能正确认识和对待毛泽东思想,还不能正确区分毛泽东的伟大历史功绩和晚年错误,主要障碍是"左"的思想的长期影响和"两个凡是"的禁锢。

1978年5月10日,中央党校的内部刊物《理论动态》第60期,刊登了经胡耀邦审定的由南京大学教师胡福明撰写的文章《实践是检验真理的唯一标准》。第二天,即5月11日,《光明日报》公开发表了这篇文章,署名是:本报特约评论员。当天,新华社将这篇文章作为"国内新闻"头条,转发全国。5月12日,《人民日报》和《解放军报》,以及不少省级党报全文转载了这篇文章。到5月13日,全国多数省级党报都转载了此文。

这篇文章阐明,实践不仅是检验真理的标准,而且是"唯一标准";实践不仅是检验真理的"唯一标准",而且是检验党的路线是否正确的"唯一标准"。这篇文章的发表,在全国引起强烈的反响,由此引发了一场大讨论。

"实践是检验真理的唯一标准"的提出之所以引起那么强烈的反响,

做党的光荣传统和
优良作风的忠实传人

并发展为一场大讨论，是因为适应了拨乱反正的需要，适应了中国历史向前发展的需要。

十年"文革"把思想是非、理论是非、路线是非都搞颠倒了，历史要求翻开新的一页，人民期盼改变贫穷落后的现状。粉碎"四人帮"，人们欢欣鼓舞，要求纠正十年"文革"的错误、解决"文革"遗留问题，要求实现四个现代化。当时党内党外议论最多的是以下两个问题，一个是要求否定批邓、让邓小平出来工作，一个是要求为"天安门反革命事件"平反。

面对这样的形势发展，当时主持党中央工作的领导人，却提出了"两个凡是"的口号："凡是毛主席的决策，我们都坚决维护，凡是毛主席的指示，我们都始终不渝地遵循。"按照这种观点，中国共产党所犯的错误，包括"文革"这样严重的错误都无法纠正，中国社会主义的前途仍将笼罩在一片迷雾之中。不破除"两个凡是"，人们看不到希望，对社会主义前景没有信心。

很明显，"两个凡是"成了我们前进道路上的最大障碍。只有推倒"两个凡是"，中国的历史才能跨出新的步伐。

那时，总的局面还是迷信盛行，思想僵化。要拨乱反正，推倒"两个凡是"，需要进行思想的启蒙。实践是检验真理的唯一标准的提出，真理标准问题的讨论，就是适应了这种客观的需要。但是，"两个凡是"，一个是"坚决维护"，一个是"始终不渝地遵循"，是作为政治生活中的最高标准提出来的。"唯一标准"同"两个凡是"是尖锐对立的，争论不可避免。

在关键时刻，邓小平于1978年6月2日在全军政治工作会议上着重阐述了在新的历史条件下怎样坚持毛泽东思想的问题，精辟地指出：实事求是，是毛泽东思想的出发点、根本点。他严肃地批评"两个凡是"论者：虽然天天讲毛泽东思想，却往往忘记、抛弃甚至反对毛泽东的实事求是,一切从实际出发,理论与实践相结合的这样一个马克思主义根本观点、根本方法。不仅如此,有的人还认为,谁要是坚持实事求是,谁就是犯了弥天大罪。邓小平指出:这个问题不是小问题,而是涉及怎么看待马列主义、毛泽东思想的问题。在这个问题上出现的只许照抄照转,不许研究新情况、新问题的奇谈怪论,不是偶然的、孤立的现象,而是一种思潮。它反映了林彪、"四人帮"把我们党的思想搞乱到什么程度,把我们的革命学风败坏到什么程度。因此,我们一定要肃清林彪、"四人帮"的流毒,拨乱反正,打破精神枷锁,使我们的思想来个大解放。

邓小平的讲话进一步驳斥了"两个凡是"的观点,有力地支持和推动了关于真理标准问题的讨论。

当时的中央军委秘书长罗瑞卿,看到《实践是检验真理的唯一标准》的文章后即认为,这篇文章提出了一个牵一发而动全身的问题。他同胡耀邦一起,指导中央党校的哲学家吴江撰写了《马克思主义的一个最基本的原则》一文,全面批驳了"凡是论"者的观点。这篇文章作为《解放军报》特约评论员文章在1978年6月24日发表,《人民日报》在同一天刊登,《光明日报》于25日转载。这篇文章的发表,是对这个讨论的又一次有力支持。

与此同时,理论界通过开研讨会、发表文章、进行演讲等方式,大力推进这个讨论的发展。一些省、区、市党委和大军区党委主要负责人积极参与讨论,他们发表讲话,支持实践是检验真理的唯一标准的观点,批评"两个凡是"。新华社和《人民日报》连续报道了他们的讲话,产生了很大的影响。

1978年9月16日,邓小平在东北视察工作时,再次批评了"两个凡是"的主张,指出:这不叫高举毛泽东思想的旗帜,这样搞下去,要损害毛泽东思想。毛泽东思想的基本点是实事求是。

胡耀邦依据讨论的进展情况,指导理论动态组撰写了多篇文章,作

为特约评论员文章发表，推进讨论。

这个讨论发展到 1978 年的 8、9、10 月，就形成了大讨论的局面。

1978 年 12 月 13 日，邓小平在中共中央工作会议上发表的《解放思想，实事求是，团结一致向前看》讲话中，高度评价了这场讨论的伟大意义，他说：

> 目前进行的关于实践是检验真理的唯一标准问题的讨论，实际上也是要不要解放思想的争论。大家认为进行这个争论很有必要，意义很大。从争论的情况看，越看越重要。一个党，一个国家，一个民族，如果一切从本本出发，思想僵化，迷信盛行，那它就不能前进，它的生机就停止了，就要亡党亡国。这是毛泽东同志在整风运动中反复讲过的。只有解放思想，坚持实事求是，一切从实际出发，理论联系实际，我们的社会主义现代化建设才能顺利进行，我们党的马列主义、毛泽东思想的理论也才能顺利发展。从这个意义上说，关于真理标准问题的争论，的确是个思想路线问题，是个政治问题，是个关系到党和国家的前途和命运的问题。

1978 年 12 月 18—22 日，中国共产党第十一届中央委员会第三次全体会议在北京召开。这次会议对真理标准问题讨论作了高度的评价，标志着真理标准问题讨论已经取得了成功。

十一届三中全会以后，在时任中宣部部长胡耀邦的主持下，召开了理论工作务虚会，对一系列重大问题进行拨乱反正，取得了重要的成果。

从 1979 年 5 月开始，在全国范围内、在广大基层，进行了真理标准问题讨论的补课。1981 年 6 月，党的十一届六中全会作出了《历史问题决议》，标志着指导思想上拨乱反正任务的基本完成，也标志着真理标准问题讨论的结束。

这场讨论之所以是一次思想大解放，因为它不但有大破，而且有大立。《求是》杂志原总编辑邢贲思撰文认为，这场讨论的大破表现在破除了长期禁锢人们头脑的僵化思维模式；它的大立表现在确立了"解放思想，实事求是"的思想路线，使党的思想路线重新回到了马克思主义轨道上。党的思想路线建设是党的建设的核心和灵魂，思想路线不端正，就不可能有正确的政治路线和组织路线，不可能有正确的制度建设和作风建设，作为执政党，也不可能有正确的治国理政方略。

我们还必须承认一点，这次真理标准问题讨论是两条思想路线的斗争，经过讨论，全党明确了实践是检验真理的唯一标准这个马克思主义基本原理，纠正了长期影响中国共产党的主观主义、教条主义的思想路线，从而使全党的认识统一到马克思主义思想路线上来。正是由于马克思主义思想路线在党内的重新确立，我们才能认真审视和总结以往的经验教训，才能结束"文革"动乱，把党的工作重点从"以阶级斗争为纲"转到以经济建设为中心上来，并作出改革开放这一改变当代中国命运的重大决策。

八、"中国的事情须按中国实际来办"

1979 年

那是一个春天

有一位老人在中国的南海边画了一个圈

神话般地崛起座座城

奇迹般聚起座座金山

春雷啊唤醒了长城内外

春晖啊暖透了大江两岸

……

做党的光荣传统和优良作风的忠实传人

这首一度红遍中国大江南北的歌曲《春天的故事》，人们并不陌生，而对那位中南海"画圈"的老人，人们印象最深莫过于这位改革开放总设计师以超凡政治智慧和过人胆识让深圳这个小渔村神话般崛起的那场大变革。

抚今追昔，从老人1979年春天"画圈"开始，中国就以改革开放的雷霆之力，拨正了"中国号"巨轮前进的航向；用坚冰打破解放思想新思维，使中国改革如一江春水，浩荡东去，奔流不息，势不可挡。

在20世纪80年代末90年代初国内政治风波和国际复杂形势面前，邓小平坚定地坚持以经济建设为中心不动摇，旗帜鲜明地坚持四项基本原则、坚持改革开放，使我们党和国家经受住了险风恶浪的考验，才有1992年中国的南海边震惊中外的"南方谈话"，让改革开放继续乘风破浪前进。

邓小平视察南方谈话发生在1992年1月18日—2月21日，当时已正式告别中央领导岗位的党的第二代领导核心、改革开放的总设计师邓小平，以普通党员的身份，凭着对党和人民伟大事业的深切期待，先后赴武昌、深圳、珠海和上海视察，沿途发表了重要谈话。3月26日，《深圳特区报》率先发表了"东方风来满眼春——邓小平同志在深圳纪实"的重大社论报道，并集中阐述了邓小平南方谈话的要点内容。

邓小平强调，改革开放的胆子要大一些，敢于试验，看准了的，就大胆地试，大胆地闯。他说，没有一点闯的精神，没有一点"冒"的精神，没有一股气呀，劲呀，就走不出一条好路，一条新路，就干不出新事业。恐怕再有30年的时间，我们才会形成一整套更加成熟、更加定型的制度，在这个制度下的方针、政策，也将更加定型化。他说，改革开放迈不开步子，不敢闯，说到底就是怕资本主义的东西多了，走了资本主义道路。要害是姓"资"还是姓"社"的问题。判断的标准，应该主要看是否有利于发展社会主义社会的生产力，是否有利于增强社会主义国家的综合国力，是否有利于提高人民的生活水平。

邓小平说，有的人认为，多一分外资，就多一分资本主义，"三资"企业多了，就是资本主义的东西多了，就是发展了资本主义，这些人连基本常识都没。邓小平明确提出，计划多一点还是市场多一点，不是社会主义与资本主义的本质区别。计划经济不等于社会主义，资本主义也有计划；市场经济不等于资本主义，社会主义也有市场，计划和市场都是经济手段。

邓小平还说，中国的经济发展，总要力争隔几年上一个台阶，当然不是鼓励不切实际的高速度，还是要扎扎实实，讲求效益，稳步协调地发展。比如广东，要上几个台阶，力争用20年的时间赶上亚洲"四小龙"。江苏、上海等地也可以发展更快一点。邓小平进而指出，经济发展得快一点，必须依靠科技和教育。科学技术是第一生产力。要提倡科学，靠科学才有希望。

邓小平的这个重要讲话，有着深刻的社会背景和时代背景。到了20世纪80年代末90年代初，中国的经济体制改革与对外开放实践面临严重的困境，改革开放在理论上遭遇诸多难题的困扰。首先，经济发展接近于停滞，"三步走"的战略目标有落空的危险，在指导思想上则面临着重提"以阶级斗争为纲"，冲击和动摇党在社会主义初级阶段基本路线的危险。其次，经济体制改革陷入停滞甚至局部倒退的困境，在理论上面临被从根本上否定的危险。第三，对外开放举步维艰，在理论上遭遇重重责难。与此同时，"左"的思想与势力趁国内局势的变化以及苏东社会主义国家放弃社会主义道路以后的国际局势的变化获得了抬头与发展的"契机"与"势能"。

在今天作一个历史的回顾不难发现，20世纪最后十年的中国和世界，从一开始就很不太平。经历了一些风波的中国，在许多事情尚未理顺头绪时，接连遭遇苏联解体、东欧剧变。偌大一个社会主义大家庭，顷刻

间不战自溃，纷纷倒旗落马。面对这些世界性的历史难题，各式各样的人物都相继登场，给出了自己的答案。西方敌对势力大肆宣扬"共产主义大溃败"，国内一些坚持资产阶级自由化的人也主张放弃四项基本原则，走"西化"的道路。党内和一部分干部群众中一度出现了对党和国家改革开放政策的模糊认识，甚至出现了姓"资"姓"社"的争论。这些实际上都涉及要不要坚持以经济建设为中心的党的"一个中心，两个基本点"的基本路线，中国走什么道路的问题。

在这关键时刻，邓小平作为中国改革开放的总设计师，他勇敢地站出来，力排众议，拨正船头，引导建设有中国特色社会主义的航船驶向光明的彼岸。

邓小平的这个重要讲话，不仅标志着继毛泽东思想之后，马克思主义与中国实际相结合的第二次伟大历史性飞跃的思想结晶——邓小平理论的最终成熟和形成；而且也标志着中国改革开放第二次浪潮的掀起。

1997年9月12日，江泽民在党的十五大报告中，对邓小平的南方谈话作了一个很深刻很准确的历史评价："1992年邓小平南方谈话，是在国际国内政治风波严峻考验的重大历史关头，坚持十一届三中全会以来的理论和路线，深刻回答长期束缚人们思想的许多重大认识问题，把改革开放和现代化建设推进到新阶段的又一个解放思想、实事求是的宣言书。"

2008年12月18日，胡锦涛在纪念党的十一届三中全会召开30周年大会上的重要讲话中指出："党的十一届三中全会重新确立了党的思想路线，这就是：一切从实际出发，理论联系实际，实事求是，在实践中检验真理和发展真理。在改革开放实践中，我们坚持解放思想和实事求是的统一，大力发扬求真务实精神，不断深化对共产党执政规律、社会主义建设规律、人类社会发展规律的认识，自觉把思想认识从那些不合时宜的观念、做法和体制的束缚中解放出来，从对马克思主义的错误的和教条式的理解中解放出来,从主观主义和形而上学的桎梏中解放出来,以实践基础上的理论创新回答了一系列重大理论和实际问题,为改革开放提供了体现时代性、把握规律性、富于创造性的理论指导,开辟了马克思主义新境界。"实事求是,是党的思想路线的最简明概括。

2011年7月1日,胡锦涛在庆祝中国共产党成立90周年大会上再次对坚持实事求是的重要性作了精辟论述:"在历史上的一些时期,我们曾经犯过错误甚至遇到严重挫折,根本原因就在于当时的指导思想脱离了中国实际。我们党能够依靠自己和人民的力量纠正错误,在挫折中奋起,继续胜利前进,根本原因就在于重新恢复和坚持贯彻了实事求是。"实践反复证明,坚持实事求是,就能兴党兴国;违背实事求是,就会误党误国。

历史的车轮滚滚向前,势不可当。正是当初邓小平的南方谈话,廓清了"姓社姓资"的疑惑,才使中国共产党摆脱了计划经济的思想禁锢,从而推动了建立社会主义市场经济体制的伟大变革。正是因为"三个代表"重要思想的确立,鲜明提出了马克思主义中国化必须"与时俱进"的要求,才使中国共产党进一步挣脱了传统社会主义的理论束缚。正是因为新世纪初"科学发展观"的提出,树立了"以人为本"的正确发展理念,才使中国共产党突破了"以物为本"的观念桎梏,从而使中国走上全面协调可持续发展的科学轨道,让我们现在比历史上任何时期都更接近中华民族伟大复兴的目标。

> 大家都在讨论中国梦。我认为,实现中华民族伟大复兴,就是中华民族近代以来最伟大的梦想。到中国共产党成立100年时全面建成小康社会的目标一定能实现,到新中国成立100年时建成富强、民主、文明、和谐的社会主义现代化国家的目标一定能实现,中华民族伟大复兴的梦想一定能实现。

做党的光荣传统和
优良作风的忠实传人

2012年11月29日,在国家博物馆,习近平总书记在参观"复兴之路"展览时,第一次这样阐释了"中国梦"的概念。

这个"中国梦"与当年毛泽东的"强国梦"有相似之处,都是为了实现中华民族的伟大复兴,都是亿万民众上百年来梦寐以求的理想,都是举国上下想要创造人间奇迹的集体雄心的写照。如果我们把毛泽东开辟的中国社会主义道路称为中国大战略的基础,那么这一大战略暗含着一个很重要的假定,即在世界上诸多的大国中,真正有资格、有能力超过美国的唯一国家,就是中国。

1956年8月30日,毛泽东在八大的预备会议上再次强调了这个目标。他说:

> 我们团结党内外、国内外一切可以团结的力量,目的是为了什么呢?是为了建设一个伟大的社会主义国家。我们这样的国家,可以而且应该用"伟大的"这几个字。我们的党是伟大的党,我们的人民是伟大的人民,我们的革命是伟大的革命,我们的建设事业是伟大的建设事业。六亿人口的国家,在地球上只有一个,就是我们……所以,我们这个国家建设起来,是一个伟大的社会主义国家,将完全改变过去一百多年落后的那种情况,被人家看不起的那种情况,倒霉的那种情况,而且会赶上世界上最强大的资本主义国家,就是美国。

自1955年起,毛泽东在不断受到西方霸权对中国实施经济政治挤压的情况下,顽强地生成了一种在经济建设方面的民族抗争意识,形成了一股赶超列强、自立于世界民族之林的冲天豪气。一段时间内,他不断地重复发愤图强的话题。

1956年8月,毛泽东发表了关于"球籍"的著名演讲:"你有那么多人,你有那么一块大地方,资源那么丰富,又听说搞了社会主义,据说是有优越性,结果你搞了五六十年还不能超过美国,你像个什么样子呢?那就要从地球上开除你的球籍!"1957年3月,毛泽东在最高国务会议讲话提纲末尾写下一句话:"邦有道贫且贱焉耻也。耻!"这些言论,真切地反映了当时中国面临的严峻挑战和历史考验,又如实表露了毛泽东的焦虑心理和应战决心。

从积极意义讲,毛泽东已清晰而又尖锐地看到,中国人民必须以经济文化建设的伟大成就昭告天下,才足以证明社会主义制度和中国共产党领导的优越性,才能在国际社会中立足站稳,昂首挺胸。

可见,1958年"大跃进"的爆发,有其深刻而复杂的社会历史原因。当时,全党和全国人民早已蕴积于心的尽快改变国家积弱积贫状况的梦想,经过帝国主义施压与人民共和国抗争的互动,经过中苏等社会主义国家经济建设竞争乃至利益碰撞的互动,经过国内党群之间、上下之间各种力量的多层互动,梦寐与热情相结合便酿成了举国上下的"大跃进"运动。

对于"大跃进"造成的严重后果,华东师范大学教授杨奎松在《"大跃进"就是毛泽东的一个"强国梦"》一文中总结道:"也只有这样一种狂热的强国冲动和极端的民族自信,才能够使全国亿万人都陷入那样一种盲目的自信和热情之中,造成那样一种令人不可思议的集体失智的历史现象。"

如今,"中国梦"又道出了中国人的心声,奏响了时代强音。当然,实现中国梦,关键是中国道路要立足于中国的独特国情。回顾历史,"大跃进"时期犯错误的原因之一就是对当时国情认识不清。在结束了过渡时期取得一些成就后,对中国的落后性认识不足,犯了急于求成的错误。

中国国情是制定各项政策的基本依据。如今党中央对中国国情的认

做党的光荣传统和
优良作风的忠实传人

识深刻而清晰。2014年8月20日,习近平总书记在纪念邓小平同志诞辰110周年座谈会上指出,中国近代以来的全部历史告诉我们,中国的事情必须按照中国的特点、中国的实际来办,这是解决中国所有问题的正确之道。

早在2012年5月16日,习近平总书记在中央党校春季学期第二批入学学员开学典礼上就强调,实事求是作为党的思想路线,始终是中国共产党人认识世界和改造世界的根本要求,是我们党的基本思想方法、工作方法和领导方法,是党带领人民推动中国革命、建设、改革事业不断取得胜利的重要法宝。

从历史发展逻辑来看,每一次党强调实事求是都是一次思想启蒙、思想解放。那么习近平总书记是怎样强调实事求是的呢?

归纳起来有这么几个关键点:一是要坚持实事求是。就是坚持一切从实际出发来研究和解决问题,坚持理论联系实际来制定和形成指导实践发展的正确路线方针政策,坚持在实践中检验真理和发展真理。二是按实事求是办事。党员干部特别是各级领导干部要深刻理解实事求是的科学含义和精神实质,深入基层了解情况,深入群众听取意见,探求和掌握事物发展的规律,使各项决策和各方面工作符合实际情况、符合客观规律、符合人民意愿。三是党的各级领导干部要做自觉坚持实事求是的表率。打牢理论基础,修炼党性,转变作风,以人民利益为重,全心全意为人民服务,在工作中讲实情、出实招、办实事、求实效,勇于变革、勇于创新,永不僵化、永不停滞,达到解放思想、开拓进取有机统一起来。

客观地讲,改革开放40多年来,中国综合国力和人民生活水平有了很大提高。但也有人盲目乐观起来,认为现阶段中国的基本国情不再是社会主义初级阶段,忘记了中国人口多、底子薄、经济文化发展不平衡的现状依然未根本改善。中国梦不是个人主义之梦,更不是脱离国情之梦。因此，实现中国梦要充分认识到社会主义初级阶段的长期性、艰巨性、复杂性，不能盲目乐观，要以史为鉴，任何时候都要以社会主义初级阶段基本国情为依据。

2015年1月20日，国家统计局发布数据显示，2014年全国居民收入基尼系数为0.469。这是基尼系数自2009年来连续第6年下降，不过，这一数字仍然超过国际公认0.4的贫富差距警戒线。贫富差距过大，不利于社会稳定，容易导致经济社会失衡。在快速发展社会生产力的同时，需要有效地推进社会公正，比如做到机会均等，缩小差距，深化分配制度改革，处理好公平和效率之间的关系。因为，公平正义是中国梦的主要题中之义。

可见，当前中国社会主义初级阶段人口多、底子薄的现状依然存在，人均GDP、人均资源的占有率都较低，仍居世界后位。把蛋糕做大，夯实物质基础，才能筑牢中国梦的根基。让全体人民共享发展成果，离不开"做大蛋糕"这个常理。"人均"的提高总是基于分子的扩张。对中国而言，没有"总量"向着"第一"继续迈进并最终把别人都甩在后面，根本谈不上"人均"排名的明显位移，但显然，"共同富裕"的紧迫性比以往任何时候都更突出。

"不患寡而患不均"是中华民族特有的社会心理，也是炎黄子孙对共享的初级理解。中国共产党从成立之日就立志带领中国人民走共同富裕之路。1945年毛泽东指出："领导农民走社会主义道路，使农民群众共同富裕起来。"1992年邓小平指出："社会主义的本质就是解放生产力，发展生产力，消灭剥削，消除两极分化，最终达到共同富裕。"今天，习近平总书记提出共享发展理念，并指出："生活在我们伟大祖国和伟大时代的中国人民，共同享有人生出彩的机会，共同享有梦想成真的机会，共同享有同祖国和时代一起成长与进步的机会。"

由此，我们还需要从国情出发，继续不厌其烦地向外界讲述中国"发

展中"的实情、不加保留地展示中国发展失衡之痛的同时,要下更大气力改变中国这片土地上"发达"与"欠发达"并存的景观,特别是要切实改变贫困人群的生存境遇,让中国的发展面貌最大限度地减少"双面性"。

我们必须承认经过三十多年粗放型的快速发展,中国的资源紧缺、环境污染等问题更加突出,已日益成为制约经济社会发展的瓶颈。转变经济发展方式、实施可持续发展战略势在必行。

"天行健,君子以自强不息。"在实现中国梦的征程上,改革剩下的都是"难啃的硬骨头"。这更加迫切地需要立足于中国国情,一步一个脚印,以逢山开路、遇水搭桥的智慧和勇气,勇于冲破思想观念的障碍,勇于突破利益固化的藩篱,为尽快实现中国梦提供持久不衰的强大思想和精神动力。

第三章 密切联系群众是中国共产党的力量源泉

人民是我们党的力量源泉，我们党根基在人民、血脉在人民，必须把人民放在心中最高位置，始终以百姓心为心。共产党的干部要坚持当"老百姓的官"，把自己也当成老百姓，不要做官当老爷，在这一点上，年轻干部从一开始就要想清楚，而且要终身牢记。

——习近平总书记2021年3月1日在2021年春季学期中央党校（国家行政学院）中青年干部培训班开班式上的重要讲话

做党的光荣传统和
优良作风的忠实传人

> 15岁来到黄土地时，我迷茫、彷徨；22岁离开黄土地时，我已经有着坚定的人生目标，充满自信。七年多上山下乡的经历，最大的收获是让我懂得了什么叫实际，什么叫实事求是，什么叫群众。

这是习近平总书记在《我是黄土地的儿子》一文中写到的话。这篇饱含真情的回忆文章，告诉了我们一个人生从哪里来、要往哪里去的重大命题。

延安插队这段不同寻常的经历，对习近平干部观的形成具有极其重要的影响，那就是一切理论，必须深深扎根于人民群众的实践沃土，在任何时候、任何情况下，都要密切联系人民群众。不能忘记"来自谁、为了谁、依靠谁"。

习近平总书记2021年3月1日在2021年春季学期中央党校（国家行政学院）中青年干部培训班开班式上发表重要讲话强调，年轻干部无论是立身处世还是从政干事，首先要解决好"我是谁、为了谁、依靠谁"的问题，不断追求"我将无我，不负人民"的精神境界。要拜人民为师，甘当小学生，特别要多交几个能说心里话的基层朋友，这样才有利于了解真实情况，才有利于把工作做好。

一、"淮海战役的胜利，是人民群众用小推车推出来的"

中国共产党在长期的革命斗争中，坚持实行全心全意为人民服务的宗旨，建立了同广大人民群众的血肉联系和鱼水关系。总结这种经验，毛泽东在1942年延安整风运动中提出了密切联系群众的工作作风。1945年4月24日，在中国共产党第七次全国代表大会上所作的《论联合政府》的报告中，他明确地把密切联系群众与理论联系实际以及批评与自我批评确立为党的三大优良作风。

自1921年7月建党以来，无论是在革命战争年代，还是在和平建设时期，中国共产党之所以坚强有力，之所以不可战胜，关键就在于党坚持了群众路线，同人民群众结成了密不可分的鱼水关系。

密切联系群众是中国共产党的执政地位得以巩固的根本保证。得民心者兴，失民心者亡。这是历史的经验，也是历史发展的规律。

马克思主义认为，人民群众是历史的创造者、社会物质财富和精神财富的创造者以及社会变革的决定性力量。

1845年2月，马克思、恩格斯在法兰克福出版的《神圣家族》中就曾说："历史活动是群众的事业。决定历史发展的是'行动着的群众'。"从而提出了人民群众在历史中起决定作用这一重要的历史唯物主义原理，指出随着物质生产的发展，群众必然会认识到自己的利益同少数统治者的利益相冲突，必然会日益自觉地参加到社会的历史活动中来，群众是社会进步的主要动力。

人民群众是一个历史范畴，人民群众从质上看是指一切对社会历史发展起推动作用的人们，从量上看是指社会人口中的绝大多数。在不同的历史时期，人民群众有着不同的内容，包含着不同的阶级、阶层和集团。人民群众最稳定的主体部分始终是从事物质资料生产的劳动群众及其知识分子。

回顾100年的伟大历程，从中国共产党领导人民完成新民主主义革命，实现民族独立、人民解放，到党依靠人民完成社会主义革命，确立社会主义基本制度，再到党带领人民进行改革开放新的伟大革命，开创、坚持、发展有中国特色的社会主义事业。人民，始终是推动这一社会发展进步的根本力量。

事实充分证明，中国共产党所取得的一切成就，是一代代共产党人在人民的坚决拥护和广泛参与下顽强拼搏、接续奋斗的结果，人民群众是中

做党的光荣传统和
优良作风的忠实传人

国共产党取得革命斗争、建设实践、改革开放等事业一个又一个胜利的力量源泉和根本保证。如果说"没有共产党，就没有新中国"，那么我们更应坦言"没有人民群众，就没有共产党"。中国共产党在人民的殷切期望里产生，在人民的真心拥护下成长，在人民的广泛参与中发展。

中央苏区时期是毛泽东群众观孕育并形成的重要时期，其思想精髓是揭示出苏维埃政府开展工作的目的和原则，即一切为了群众，一切依靠群众，实际上蕴含了丰富的执政为民的思想。

"水能载舟，亦能覆舟"。群众观问题事关一个政党的成败兴亡，毛泽东深谙这一问题的极端重要性。早在1927年初，毛泽东在对湖南农民运动的状况进行深入考察的基础上，高度赞誉了农民群众的革命精神，坚决驳斥了对农民运动的百般责难，在这里，毛泽东已初步阐述了相信和依靠群众、尊重群众首创精神的思想。1929年，由毛泽东起草的《古田会议决议》中指出：一切工作在党的讨论和决议之后，再经过群众路线去执行。

在中央苏区时期，毛泽东的"群众观"内涵就已非常丰富。从1929年至1934年，毛泽东在大量调查研究的基础上，撰写了《寻乌调查》《反对本本主义》（原名《调查工作》）《必须注意经济工作》《怎样分析农村阶级》《才溪乡调查》《我们的经济政策》《关心群众生活，注意工作方法》《乡苏怎样工作》等一系列论著，系统地阐述了他的群众观。

"真心实意为群众谋利益"是中国共产党的根本宗旨，也是毛泽东群众观点的核心所在。在反"围剿"的艰苦岁月里，中国共产党越来越认识一切为了群众、相信和依靠群众的极端重要性。在这期间，毛泽东还向党员干部多次反复强调人民群众所蕴含的巨大力量。1929年4月，毛泽东第一次来到兴国时就告诫党员干部："我们每个共产党员都要如和尚念'阿弥陀佛'那样，随时随地要念叨'争取群众'，这是共产党的护身法宝，是共产党立于不败之地的根本法宝，丢掉这个法宝，革命

第三章 密切联系群众是中国共产党的力量源泉

就要失败,共产党就一事无成。"

1929年12月,毛泽东在起草《红军第四军第九次党代表大会决议》中指出,红军的任务不只是单纯的打仗,它除了打仗消灭敌人军事力量之外,还要负担宣传群众、组织群众、武装群众、帮助群众建立革命政权以至于建立共产党的组织等项重大的任务。1930年3月,中央在给广东省委的指示信中说:只凭上面的命令的"非群众路线的工作方式",必然会造成革命政权的危机。

1934年1月,面对敌人的疯狂"围剿",毛泽东在《关心群众生活,注意工作方法》一文中指出:"真正的铜墙铁壁是什么?是群众,是千百万实心实意地拥护革命的群众。这是真正的铜墙铁壁,什么力量也打不破的,完全打不破的。"

毛泽东高度重视群众工作,他以实际行动生动地阐释了什么是正确的群众观,在他的倡导影响下,党、苏维埃政府和红军赢得了人民群众的拥护。中央苏区的广大干部群众对革命特别忠诚,他们为革命无私奉献、勇于牺牲,要钱给钱,要物给物,要扩红就当红军;前线打仗不怕牺牲,后方支援竭尽全力。比如,有的老百姓把自己家里仅有的度春荒稻谷全部借给红军兵站,自己与家人坚持吃青菜杂粮度日;有的妇女还将自己的银器首饰甚至嫁妆都无偿捐给苏维埃政府;有的群众把自家的门板甚至老人的寿材都捐献出来供红军使用,等等。

如今,中国革命军事博物馆内陈列的一幅绣着"一切力量给予战争"八个大字的珍贵锦旗,就是1933年9月中共江西省委授予兴国县"全省支前参战工作"的优胜奖旗,也是广大人民群众拥护革命的历史见证和缩影。正是由于苏区千百万群众具有无私奉献、勇于牺牲的精神,把一切力量给予战争,组成了真正的"铜墙铁壁",才有力地打破了国民党的经济封锁,赢得了多次反"围剿"的胜利,建立和保卫了革命根据地及其红色政权。

　　一种成熟的、正确的理论，一经付诸实践，就会产生巨大威力。在抗日战争时期，面对艰难困苦的抗战局面，中国共产党人在抗战中坚持群众路线，积极联系群众、动员群众、团结群众、依靠群众，激发出群众巨大的抗战热情。

　　正因为清楚人民群众的力量，中国共产党在抗战之初就提出了全面抗战路线，认为抗战不只是哪一个党派、哪一个人的事，也不只是政府及其军队的事，而是每一个中国人的事，是全体中华儿女的事。可以说，提出这一正确主张，是中国共产党坚持群众路线的必然选择。

　　毛泽东曾指出，抗日战争这一"如此伟大的民族革命战争，没有普遍和深入的政治动员，是不能胜利的"。他还指出："不要人民群众参加的单纯政府的片面抗战，是一定要失败的。因为它不是完全的民族革命战争，因为它不是群众的战争。"并认为中国抗战的中心任务是"动员一切力量争取抗战的胜利"。

　　中国共产党从全面抗战路线的提出，到持久战战略方针的确立，再到人民战争战术的制定，无一不展现出了群众路线的重要性。

　　在抗日根据地，中国共产党人通过减租减息、废除苛捐杂税，解决了农民的土地问题，获得了广大农民的拥护和支持，也得到了开明地主、绅士对共产党抗日主张的支持。通过建立"三三制"的抗日民主政权，共产党凝聚了更加广泛的力量，同时加强了和党外人士的合作，扩大了影响力。中国共产党还以多种形式将广大农民群众组织起来，采取"滚雪球"的办法进行"全民总动员"，"实行全民武装"，并通过整风进一步改进优化了党的作风，密切了干群关系，使党的各项工作更加贴近实际、贴近群众，由此赢得广大群众衷心的拥护支持。

　　中国共产党通过统战和群众工作，推动全体中华儿女众志成城、共御外侮，为民族而战，为祖国而战，为尊严而战，汇聚起气势磅礴的力量，从而为中国夺取抗战胜利提供了最关键的力量、最坚实的根基。

第三章 密切联系群众是中国共产党的力量源泉

人民群众的力量，在解放战争中得到了充分的体现。解放战争在世界战争史上堪称奇迹。内战初期，国民党各个方面都比共产党占据极大优势。在军事方面，国民党军队达470万，装备精良；而中国共产党领导的人民解放军只有127万，且装备简陋。无论是国民党内部，还是当时的世界舆论，都认为这场战争的胜负没有悬念。可是，这场战争却在短短4年里来了个大翻盘。

国共军事力量对比如此悬殊，为什么中国共产党能以弱胜强取得最后的胜利呢？所有这一切根本无法用军事理论去阐释。但偶然中体现的却是历史发展的必然。其根本原因是，中国共产党代表着广大人民的利益，团结了要求实现国家统一和民族独立愿望的先进知识分子、工人、农民、民族资产阶级等一切革命力量，实行了符合中国人民要求的一系列政策。

解放战争胜利的关键是土地改革。毛泽东曾说："我们能不能打垮国民党政权，就看我们土地改革这个工作做的怎么样。"中国农民占人口大多数，其赖以生存的是土地。而旧中国，土地的极端集中已到了不可容忍的地步，绝大部分农民没有一寸土地，大量的财富、大量的土地集中在少数阶层手中。

战争的结局，也正验证了毛泽东的话："我们的解放战争，主要就是靠这一亿六千万人民打胜的。有了土地改革这个胜利，才有了打倒蒋介石的胜利。"

这也正如军旅作家王树增在《解放战争》一书中所作的精辟分析："这场战争与其说是军事的胜负，不如说是共产党以土地改革为引领，逐步获得民心的过程，是人民对战争双方作出了胜负的选择。""在所剩无几的境遇里甘愿倾其全部的百姓，是共产党官兵刻骨铭心的依靠和难以忘怀的归宿。"

在世界战争史上，没有哪一支军队像中国共产党领导的军队那样身

后会有那么多的民众奋力支持。以淮海战役为例,此战共产党有60万人,国民党有80万人,共产党和国民党装备对比是:火炮4215门—1364门;坦克215辆—22辆;飞机158架—0架……实力对比之悬殊不言而喻!

这些数字,当然是战场上的砝码。但在历史的投影中,有一组更宏大的数字,却被很多人所忽视,正是这一组数字,在淮海战役的开端就已决定了这场战役的结局。那就是,中国共产党背后有543万人民的支持。

大战在即,千军万马的生死博弈,瞬息万变的运筹帷幄……但战场保障、后勤供给之重要、之紧迫,无人敢低估。无论是老话讲的"兵马未动,粮草先行",还是现代战争就是打后勤的观念,说的都是一个道理——战争需要强有力的后勤物资保障。那么,中国共产党的60万大军需要什么——

粮食:每天必须保证500万斤,战役期间需要筹备9.6亿斤;

弹药:除了部队携带量外,至少还得补充300万吨;

担架:作战就有伤亡,需备20多万副;

被装:渐入冬季,每个官兵至少一套棉衣、一双棉鞋……

而且需要保障的作战地域,分布于今天的江苏、山东、河南、安徽、河北5省,纵横3000公里。

更何况,中国共产党并没有严格意义上的后方,也没有铁路、公路、航空运输线。这些辎重装备、弹药粮秣,80%是由支前民工以人背、肩挑、车推等方式实施完成。为此,一共出动小推车88万多辆,挑担31万副,而上阵的民工达543万人。或者换一个说法,那就是每一个战士身后,都有9个民工在支援保障作战。与此同时,在纵横5省的战场上,还有上百条水陆运输干线,数百处兵站、民站、粮站、伤员转运站……星罗棋布,组成一张庞大的支前保障网……

淮海战役到了第三阶段,参战兵力与支前民工的比例高达1∶9。这种空前浩大的人力动员,解放区表现出异乎寻常的承受能力,如民工支前负担最重的鲁中南区,以第六分区的统计为例,该区共出动49万民工,占其总人口300万的16%以上。按惯例,人民负担战争的人力一般不能超过总人口的12%,即8个人中抽1个民工,除去老弱妇孺,几乎是动员了全部的青壮年男性,而此次动员的民工高达总人口的16%,可以说超出了最高的负担界限。而永城、夏邑、宿县几乎是全民动员。人民提出的口号是"倾家荡产,支援前线,忍受一切艰难,克服一切困苦,争取战役的胜利"。

"淮海战役的胜利,是人民群众用小推车推出来的",陈毅这句名言人人皆知,他们专门为担架队写下的一首温情小诗同样令人难忘:"担架队,几夜不曾睡。稳步轻行问伤病:同志带花最高贵,疼痛可减退?"

淮海战役是一场真正的人民战争,淮海战役的胜利也真正是人民的胜利。很多关于淮海战役的文学影视作品都强调了人民战争和民工支前的极端重要性,比如电影《淮海战役》《车轮滚滚》,小说《百合花》等。

对于人民群众的力量,中国共产党历代领导人都有清醒的认识。在长期领导革命、建设和改革的过程中,邓小平将马克思主义关于人民是历史创造者的基本原理与中国具体实际、不同时代特征和人民群众意愿相结合,创造性地运用和发展了人民主体思想,为推进马克思主义中国化时代化大众化作出了巨大贡献。

在建设中国特色社会主义的根本原则和方法问题上,邓小平强调:"群众是我们力量的源泉,群众路线和群众观点是我们的传家宝。"党的领导工作能否保持正确,决定于它能否采取"从群众中来,到群众中去"的方法。

2000年8月27日,江泽民在长春主持召开东北三省党的建设和"十五"期间经济社会发展座谈会上的讲话时指出:"人民群众是社会主义现代化建设事业的最终决定力量。把人民群众的利益实现好、维护好、发展好,这是正确处理改革发展稳定关系的结合点,是保证经济持

做党的光荣传统和优良作风的忠实传人

续增长的动力所必须的,也是维护社会稳定、巩固党的执政基础所必须的。"

2011年7月1日上午,胡锦涛在纪念中国共产党成立90周年大会上的重要讲话中,强调指出:"每一个共产党员都要把人民放在心中最高位置,尊重人民主体地位,尊重人民首创精神,拜人民为师,把政治智慧的增长、执政本领的增强深深扎根于人民的创造性实践之中。"

> 人民是历史的创造者,群众是真正的英雄。人民群众是我们力量的源泉。我们深深知道,每个人的力量是有限的,但只要我们万众一心、众志成城,就没有克服不了的困难;每个人的工作时间是有限的,但全心全意为人民服务是无限的。责任重于泰山,事业任重道远。我们一定要始终与人民心心相印、与人民同甘共苦、与人民团结奋斗,夙夜在公,勤勉工作,努力向历史、向人民交出一份合格的答卷。

2012年11月15日,习近平总书记在十八届中共中央政治局常委与中外记者见面会上发表了上述讲话,强调党与人民群众的鱼水关系,强调了人民的主体地位,表达出了习近平总书记心系人民、热爱人民的鲜明立场和真挚情感。

习近平总书记2021年3月1日在2021年春季学期中央党校(国家行政学院)中青年干部培训班开班式上发表重要讲话再次强调,要牢记我们党为人民谋幸福、为民族谋复兴的初心使命,始终坚守党全心全意为人民服务的根本宗旨,用心用情用力解决好群众"急难愁盼"问题,让群众有更多、更直接、更实在的获得感、幸福感、安全感。

无论是战争年代还是和平时期,英雄的人民总是推进历史的主角。他们的名字像一块块砖石,层层叠叠、挤挤密密,筑成中华民族的巍峨长城。

中国共产党的根基在人民，血脉在人民，力量在人民。党离不开人民群众，人民群众离不开党。只要党与人民群众在一起，保护好和发挥好人民群众的积极性、创造性，在未来的征程中就能够无往而不胜！

二、中国共产党永远把人民写在自己的旗帜上

这是一个改变了中国人命运的日子。

年复一年，当全体中国共产党人和全体中国人民把1921年7月1日当作一个特别重要的日子来纪念时，我们要做的只有两件事，一是勒马回望，那一路的尘与土，一路的云和月。二是放眼展望，那未来的目标和前进的方向。

总结中国共产党100年的成长史、奋斗史、发展史，我们会发现，无论是革命时期还是建设时期，无论是战争年代还是和平年代，党始终与人民群众在一起，共同谱写了一部中华民族历史上恢宏壮丽的史诗。

早在150多年前，马克思、恩格斯在创立共产主义者同盟时，就论述了党群关系。但把群众路线作为党的路线提出来，是中国共产党的首创。就在中国共产党第一个纲领中，党提出要把工人、农民和士兵组织起来，中国共产党是无产阶级的忠实代表，是无产阶级的先锋队。

一部中国共产党的历史，就是一部与人民同呼吸共命运的历史。中国共产党的诞生有着先天的人民性，是劳苦大众催生的产物，是工人农民信赖的利益代表者，是包括工人、农民、知识分子、小资产阶级、民族资产阶级等在内的力量进行革命的组织者和领导者。

1922年7月，中国共产党的第二次全国代表大会通过了《关于共产党的组织章程决议案》指出："我们共产党，不是'知识者所组织的马克思学会'，也不是'少数共产主义者离开群众之空想的革命团体'……

党的一切运动都必须深入到广大的群众里面去。"大革命高潮兴起后,中共中央执委会于1925年10月召开扩大会议,讨论通过《组织问题议决案》,又进一步强调:"中国革命运动的将来命运,全看中国共产党会不会组织群众、引导群众。"

1927年大革命失败后,国内政治局势急剧逆转,中国革命进入低潮。同年10月,毛泽东率领湘赣边秋收起义的工农革命军到达井冈山,开展游击战争,进行土地革命。这期间,中国共产党所总结的"农村包围城市"的道路,说到底是依靠最广大的农民群众。

井冈山革命斗争时期,由于湘赣边界割据政权处于白色势力的四面包围中,军民日用必需品和现金非常缺乏,并成了极大的问题。1928年10月5日,毛泽东在为中共湘赣边界第二次代表大会所写的决议中指出:"一年以来,边界政权割据的地区,因为敌人的严密封锁,食盐、布匹、药材等日用必需品,无时不在十分缺乏和十分昂贵之中,因此引起工农小资产阶级群众和红军士兵群众的生活的不安,有时真是到了极度。"

面对艰苦的斗争生活,以毛泽东为首的广大红军指战员,带领井冈山人民一道,始终保持着旺盛的革命斗志,不怕困难,团结一心,共渡难关。"红米饭那个南瓜汤,挖野菜那个也当粮,毛委员和我们在一起,餐餐味道香……",一首流传至今的红歌,唱出了岁月的艰辛和斗争的艰难,也道出了军民一心、党群一心唇齿相依的感情和人民群众对党的领袖的拥戴。

中国革命,就是这样在党和人民的相互搀扶、相互支撑中走出来。

土地革命战争时期,中国共产党把重视发动和组织群众的思想认识转化为领导方法和工作方法,逐步形成了党的群众路线。1928年6月,党的六大把争取群众作为党在当时的总任务,要求"耐心去做群众工作,深入群众中去发展党的政治的影响"。同年10月,毛泽东在为中共湘赣边界第二次代表大会起草的《政治问题和边界党的任务》决议中详细论述了群众基础对于开展革命斗争的重要性。

群众路线在党的历史上，逐步深入，逐步丰富，逐步发展。在长征中，处处离不开群众路线，处处离不开人民群众的支援——红军过河，需要人民群众充当船工；红军行军，需要人民群众担任向导。

1934年1月27日，毛泽东在一篇《关心群众生活，注意工作方法》的文章中说："要得到群众的拥护……就得和群众在一起，就得去发动群众的积极性，就得关心群众的痛痒，就得真心实意地为群众谋利益，解决群众的生产和生活的问题。""总之，一切群众的实际生活问题，都是我们应当注意的问题。"

在艰苦卓绝的斗争岁月里，中国共产党与人民群众更是唇齿相依。1934年3月，项英、陈毅所领导的中央苏区分局部队到达以油山为中心的赣粤边区，向中央发出最后一份电报，并收到中央回电后，因中央更换了密电码而无法译出。为严守党的秘密，项英、陈毅下令埋藏发报机、烧毁密电码，从此与中央失去了联系。红军在敌人派重兵封山、搜山、围山、烧山进行"清剿"的情况下，紧紧依靠群众开展游击战，风餐露宿，缺衣少食，人民群众利用进山砍柴等机会把米藏在竹杠中、把盐溶在棉袄里，支援和帮助红军。

电影《闪闪的红星》，其中描绘的就是这里的斗争场面。

"……天将午，饥肠响如鼓。粮食封锁已三月，囊中存米清可数。野菜和水煮。……靠人民，支援永不忘。他是重生亲父母，我是斗争好儿郎。革命强中强。"有一天，陈毅吃着老百姓藏在竹杠里的红米饭，心潮澎湃，感慨万千，写下了这首著名的《赣南游击词》。这首充满革命现实主义和革命浪漫主义的词，不但记录了革命斗争的艰苦，也记录下了人民对党的深情。

"二十万军重入赣，风烟滚滚来天半。唤起工农千百万，同心干"。这是毛泽东1931年春写下的豪迈诗篇。据统计，当时赣南根据地240

做党的光荣传统和
优良作风的忠实传人

万人口,前后有 32 万人参加中国共产党的队伍。

抗日战争爆发以后,国共两党从一开始就采取了截然不同的路线。国民党从大地主、大资产阶级的利益出发,采取了片面的抗战路线,不给人民以抗日民主自由各方面的权利,而中国共产党把人民当作最可依靠的力量。

就是在抗日战争时期,党的群众路线更加成熟和完善。1938 年 10 月,毛泽东在党的六届六中全会上告诫全党说:"共产党员无论何时何地都不应以个人利益放在第一位,而应以个人利益服从于民族的和人民群众的利益。"

在此基础上,在中国共产党的七大上,毛泽东把"和人民群众紧密地联系在一起"作为党的三大作风之一,并深刻指出:"我们共产党人区别于其他任何政党的又一个显著的标志,就是和最广大的人民群众取得最密切的联系。"

延安时期,各界有识之士最多时一天就有上千人投奔革命到达延安。一份 1942 年 5 月日本人出版的《华北共军现状》披露,北平大学生到大后方去的占 20%,投奔解放区的则达 70%。文化名人、知识分子、热血青年的加入,大大充实了革命队伍的基本力量,也大大提高了中国共产党的文化水平和知识程度。这是党对人民的感召,是人民对党的拥护和追随。

生于人民群众,为了人民群众。自从 1943 年 4 月 28 日,中央政治局会议决定中共党旗式样以来,中国共产党的旗帜从未改变。镰刀代表人民,铁锤代表人民,中国共产党永远把人民写在自己的旗帜上。

1945 年 10 月,毛泽东结束与蒋介石的谈判,从重庆回到延安,召开了一个干部大会,通报重庆谈判的情况后,对积极要求到前方的党员干部讲了一席话,他说:"我们共产党人好比种子,人民好比土地。我们到了一个地方,就要同那里的人民结合起来,在人民中间生根、开花。"

第三章 密切联系群众是中国共产党的力量源泉

中国革命的一个重要特点，是革命的敌人异常强大和残暴，而革命力量却比较弱小。在敌我力量悬殊的情况下，中国共产党要领导革命取得胜利，更需要扎根于群众之中，紧紧地依靠群众，团结群众，和群众同呼吸、共命运。

在漫长的岁月里，在极端艰难困苦的环境中，中国共产党不仅在指导思想上坚持一切为了群众、一切依靠群众的群众观点，而且在党的实际工作中形成了一套从群众中来、到群众中去的领导方法和工作方法。

在中国共产党的历代领导人心中，人民高于一切。

在邓小平的戎马生涯中，有许多关心爱护人民群众的感人故事：部队断粮了，邓小平和大家一起挖野菜充饥，警卫人员不忍心看着首长挨饿，设法从群众那里弄来一点玉米，但邓小平却坚持要求把玉米送回去，还以此教育部队任何时候都不要做有损群众利益的事；一次手下工作人员骑马不慎碰伤了过路群众，邓小平不仅让工作人员当面向群众道歉，而且还拿出自己的津贴为受伤群众治伤。

这一件件小事，成为战争年代党群、军民鱼水关系的缩影，更是邓小平对人民深情挚爱的真实写照。也正因如此，邓小平才以其无与伦比的人格魅力，赢得了广大人民群众的崇敬和爱戴。

20世纪70年代末，英国培格曼出版公司总经理、《镜报》集团董事长罗伯特·马克斯韦尔开始策划出版一套世界领袖丛书，他把邓小平的文集列入了计划之内。同中国有关方面联系后，不久就得到了同意出版的答复。更令他惊喜万分的是，邓小平还允诺要亲自为文集写个序言。

随后，马克斯韦尔组织收集翻译邓小平的有关文章，汇成集子并定名为《邓小平文集》。文集收入的主要是邓小平从1956年到1979年24年间发表的一些关于政治、科学、教育、文学、艺术等方面的重要讲话。

1981年2月14日，邓小平欣然命笔，以"我是中国人民的儿子"为题，为《邓小平文集》写了序言，约900字。邓小平满含深情地写道："我

做党的光荣传统和
优良作风的忠实传人

荣幸地以中华民族一员的资格,而成为世界公民。我是中国人民的儿子,我深情地爱着我的祖国和人民。"邓小平强烈的民族自尊心、自信心充溢着序言的字里行间。

一腔赤诚,代代相传。不同的时代,一样的情怀。

1995年12月24日,寒风刺骨。江泽民来到甘肃北山腹地的榆中中连川乡高窑沟村石圈子社,走访遭受旱灾的农民家庭。在重灾户张玉功家,江泽民深情地说:"你们遭受了多少年没有的旱灾,党和政府很关心你们。"

2008年5月12日汶川特大地震发生后,胡锦涛赶到了四川,冒着余震的威胁驱车赶赴受灾严重的绵阳市北川羌族自治县。几名受伤群众含泪告诉胡锦涛,自己家里遭了大灾。胡锦涛倾听他们的诉说,诚挚地对他们说:"我和你们一样难过。你们一定要保重好自己的身体。"

"在这一困难时刻,我需要尽快赶回国内,同我国人民在一起,投入抗震救灾工作。"这是胡锦涛2010年4月15日在巴西的深情告白,道出了中国领导人对人民的牵挂与责任,给相隔万里之遥的玉树灾区人民和救灾人员以鼓舞。灾难降临在青海高原腹地的那一刻,灾情就紧紧牵动着党和国家领导人的心。正在美国访问的胡锦涛立即作出重要指示,要求全力做好抗震救灾工作,千方百计救援受灾群众,之后又作出了压缩行程、推迟访问,提前回国的决定。

2011年2月,利比亚陷于战乱,为避免中国公民和华侨生命受到威胁,中央果敢决定撤回中国公民和华人。胡锦涛要求有关政府部门"全力保障中国驻利人员生命财产安全"。中央领导亲自担任总指挥,有关部门立即行动,各部门密切配合,一场从未有过的、大规模拯救行动,从海、陆、空全方位迅速展开!到3月5日23时15分,中国政府总共撤出35860人,并全部安全回国。这次中国政府最大规模的有组织撤离海外中国公民的行动,体现了中央以人为本,关心和保护海外中国公民和华人的责任心，这是"永远把人民写在自己的旗帜上"的真实写照。

党的十八大以来，日理万机的习近平总书记心系人民群众，关心基层，多次深入实际了解情况、指导工作、看望群众。在考察调研中，习近平要求不封路、不封园，不清场闭馆、不过度警卫，减少陪同人员，所到之处不事先作布置，看穷苦地，吃家常菜，住普通房，与群众零距离接触；他提倡说真话、道实情，真诚面对人民群众，关心体贴百姓安危冷暖、衣食住行，与人民心连心，表现出共产党人全心全意为人民服务的政治本色和炽热的为民情怀。

回顾习近平总书记深入基层的心路历程和每一个感人的细节，我们真切地感受到"总书记和人民在一起"，他用自己的实际行动、务实行为、亲民作为，为全体党员干部特别是领导干部树立了榜样、明确了标杆、提出了要求，那就是必须始终与人民在一起。

雄关漫道真如铁，而今迈步从头越。与人民群众在一起，是经历了100年风雨洗礼的朴素真理，是中国共产党人永远的坚持。

三、以人民的根本利益为出发点和归宿

中国共产党自从诞生之日起，就成了全国各族人民意志、利益和愿望的忠实代表和维护者，始终将人民的利益看作自己的根本利益，用人民利益高于一切来规范和约束每个党员的言行举止。

纵观毛泽东的一生，他时刻把满足人民群众需要当成中国共产党人的责任和使命，认为中国共产党是马克思主义的无产阶级政党，是中国人民利益的根本代表，应当相信和依靠人民群众，为人民群众服务。

毛泽东很早就确立了"改造中国和世界"的人生目标，即推动历史进步和实现共产主义。他把"改造中国与世界"的依赖力量确立为广大人民群众，他把"人民群众至上"确立为自己人生的最高价值取向。

做党的光荣传统和
优良作风的忠实传人

早在开创井冈山革命根据地时期,毛泽东就时常教育干部和战士们要自觉维护群众的利益,对老百姓的一草一木都要珍惜爱护。毛泽东对亲自领导的第三团,要求大家注意爱护群众的财物,不要损害群众的利益,对群众要说话和气,买卖公平,不打人骂人,不拉伕,请来的伕子要给钱,等等,这样做的结果,使部队所到之处受到了群众的热爱和欢迎。

在1927年9月底三湾改编时,毛泽东决定把部队建设成为一支代表工农利益、与旧军队有根本区别的革命军队。在行军和休息时,他经常深入连队,同战士们讲旧军队是反动统治阶级的武装,他们到处祸害老百姓,抓兵、派差、抢东西,动不动就打人、骂人,老百姓又恨又怕,一看见他们就急忙上山躲起来。我们是代表工人、农民大众利益的革命军队,不能像旧军队那样蛮不讲理。我们说话要和气,买卖要公平,不打人,不骂人,不拉伕,请群众挑东西要给钱。

然而,在当时极为艰苦转战的环境下,加上战士们来自各个方面各个阶级,受旧军队恶习的影响,仍有人自觉不自觉地做下了违反群众纪律、损害群众利益的事情,在群众中造成不良影响。1927年10月24日,毛泽东集合部队,对大家进行了纪律教育,号召大家一定要做到行动听指挥,要保护群众利益,做好群众工作。他向大家宣布了工农革命军的三大纪律:第一,行动听指挥;第二,不拿群众一个红薯(后来曾改为不拿老百姓一个鸡蛋);第三,打土豪要归公。

1928年1月底,工农革命军主力在遂川城里过春节时,毛泽东又向大家宣布了城市纪律,要求大家保护工商业,不要侵犯中小商人的利益。同年4月,毛泽东在总结开辟井冈山根据地几个月来从事群众工作经验的基础上,向工农革命军宣布了《三大纪律六项注意》。三大纪律是:第一,行动听指挥;第二,不拿工人农民一点东西;第三,打土豪要归公。六项注意是:(一)上门板;(二)捆铺草;(三)说话和气;(四)买卖公平;(五)借东西要还;(六)损坏东西要赔。

第三章 密切联系群众是中国共产党的力量源泉

毛泽东提出"三大纪律六项注意"后，不但严格要求部队执行，而且严于律己，身体力行。有一次，工农革命军在一个村子里宿营。战士小李和小王看见房东家里有一只样子古怪的坛子。小李说："我猜，坛子里装的一定是酱菜。"小王说："不，我猜是米酒。"两个人说着，互不相让，争得面红耳赤，不可开交。最后，小王说："莫争了，百闻不如一见，打开坛子定输赢。"说罢，掀开坛子，伸手在坛里蘸了一下，用舌头舔了舔，高兴地跳起来说："呀，是酒，是酒！我赢啦……"

毛泽东知道此事后，很生气。有的干部却不以为然："用指头蘸点子酒尝，是件小事。"毛泽东严肃地说："不，是大事！革命军队，对待人民利益，要做到秋毫无犯。执行无产阶级纪律，就得从每件小事做起！"当天晚上，毛泽东向全体战士讲话，重申了"三大纪律六项注意"，要求各连、排认真检查一下执行纪律的情况，有违反群众纪律的现象，要马上改正，并向群众赔礼道歉。

"三大纪律六项注意"提出后，官兵关系、军民关系大大改善。但还有少数战士违反政策，搜了俘虏腰包。有的战士不顾周围有女性就在村边的小河里洗澡，引起群众的不满。在这种情况下，毛泽东把六项注意又改成为八项注意，添上了"不搜俘虏腰包"和"洗澡避女人"两项。1929年以后，毛泽东又将三大纪律中的"不拿工人农民一点东西"，改为"不拿群众一针一线"；"打土豪要归公"改为"筹款要归公"，后来又改为"一切缴获要归公"。这样，"三大纪律六项注意"便发展成为"三大纪律八项注意"。

毛泽东对人民军队的建设，由于一切从维护人民群众的利益出发，对于正确处理军队内部关系特别是军民之间的关系，对于团结人民和瓦解敌军，都起了重大的作用。几次反围剿的胜利，除开军事战略战术思想的正确性，一个重要的基础就是人民群众对中国共产党所领导的政权和红军的支持和拥护，国民党军队在根据地群众的口中得不到红军行踪

做党的光荣传统和
优良作风的忠实传人

的信息,变成聋子瞎子,而红军对国民党军队的踪迹则了如指掌,红军固能占据有利时机和地形打败敌人,一个重要的原因在于党的政权和军队于人民群众中的根基性。

维护人民群众利益是中国共产党在革命时期制定策略、进行革命工作的主线。由于中国共产党始终植根于人民群众中,因而能了解人民群众的所需所盼。

在中央苏区,中国共产党通过土地革命,消灭地主阶级,以乡为单位,按人口平均分配土地,进而加强农业生产以满足人民群众的物质需求。同时,开展粮食合作、调剂等农业合作互助运动;兴修水利,改善农业技术,为农业发展、生产创造条件。这些政策、措施的推行从根本上保障了苏区人民群众的利益,增进了革命团结,赢得了人民群众对党的信任。

在抗日战争时期,为了不与国民党政权形成对抗,最大限度地维护抗日民族统一战线,在残酷的战争环境和错综复杂的斗争形势下,仍在所开辟的根据地内均实行"地主减租减息,农民交租交息"的政策,所以在抗日战争这样艰难的环境下,共产党所领导的人民军队和根据地总是不断地壮大,这一政策的实施,为以后彻底打碎封建土地所有制奠定了基础。

1939年2月,毛泽东在《关于〈孔子的哲学思想〉一文给张闻天的信》中提出了"为人民服务"的概念。1943年10月,毛泽东在中共中央西北局高级干部会议上说道:"有无群众观点是我们同国民党的根本区别,群众观点是共产党员革命的出发点和归宿","所有的共产党员要替人民着想"。

1944年9月,毛泽东在《为人民服务》一文中,第一次系统阐述了为人民服务的思想。他指出,我们党"是彻底地为人民的利益工作的","因为我们是为人民服务的,所以,我们如果有缺点,就不怕别人批评指出。不管是什么人，谁向我们指出都行。只要你说得对，我们就改正。你说的办法对人民有好处，我们就照你的办"。

1945年4月在《论联合政府》一文中，毛泽东第一次把全心全意为人民服务的问题提到"宗旨"的高度，"我们共产党人区别于其他任何政党的又一个显著的标志，就是和最广大的人民群众取得最密切的联系。全心全意地为人民服务，一刻也不脱离群众；一切从人民的利益出发，而不是从个人或小集团的利益出发；向人民负责和向党的领导机关负责的一致性；这些就是我们的出发点"。

毛泽东多次强调，"群众是真正的英雄"。基于此，他特别强调，要尊重群众的自觉和自愿，不能自以为是，"一切为群众的工作都要从群众的需要出发，而不是从任何良好的个人愿望出发""凡是需要群众参加的工作，如果没有群众的自觉和自愿，就会流于徒有形式而失败"。

解放战争时期，中国共产党以土地改革为立足点，在解放区掀起了改革土地制度的浪潮，推行耕者有其田的土地制度，使老百姓深刻地认识到我党是其利益的维护者。1946年中央依据农民对土地的迫切要求，改变了党在抗日战争时期的土地政策，由减租减息改为没收地主土地分配给农民。在1947年召开的全国土地工作会议上通过了《中国土地法大纲》，施行土地改革，使广大人民群众获得土地，从根本上颠覆了我国封建旧社会制度的根基。

从1946年6月全面内战爆发到1947年7月一年的时间，人民解放战争取得了很大的胜利，中国人民解放军从内线作战转入战略反攻。在"参军""保田"号召下，大批农民、工人积极参加人民军队，解放战争获得了工人阶级、农民阶级广泛的支持和深厚的社会基础，有力地促进了人民战争的决定性胜利。

新中国成立前夕，毛泽东同上海工商业界代表进行了一次别开生面的谈话：

做党的光荣传统和
优良作风的忠实传人

  上海商人问:"共产党的经济方针是什么?"
  毛泽东说:"我们的方针是'唯利是图'。"
  商人们听了觉得很合胃口,又问:"共产党也唯利是图?"
  毛泽东说:"是的,不过有点区别,我们是唯人民的利益是图,而不是唯个人的利益是图。"

  在革命战争年代,正因为中国共产党能够处理好那个时期的中心任务与人民群众利益的关系,时时、处处为人民群众解决实际困难,替人民群众谋利益,才赢得了广大人民群众的支持。也正是在广大人民群众的支持下,无论是在国民党的白色恐怖之下,还是在抗日战争的艰苦环境中,以及在解放战争时期国共两党的激烈较量中,中国共产党始终能够勇往直前,无往不胜,最终建立了新中国。

  新中国成立后,毛泽东不仅把是否坚持群众路线、维护群众利益纳入整个国家体系之中,而且把它同社会主义制度的建立、巩固联系起来。对于如何真正了解和维护好、实现好人民群众的利益,毛泽东始终将调查研究作为利器。

  1955年11月,毛泽东离开北京,乘专列南下,一路调查农业合作化和农业生产情况。

  当时的一张时间表,生动反映了毛泽东对了解情况的渴望之情:"十一月二日,晨六时五十八分,到德州车站,停车一小时,与德州地委书记谈话。上午十时四十三分到达济南,与谭震林、山东省委书记舒同谈话,下午一时结束。晚九时十分,与济南市委书记、副书记、市长谈话,九时五十五分结束……"

  1958年秋,毛泽东密切关注着"大跃进"和人民公社化运动的发展。在大量调查研究的基础上，毛泽东说，价值法则、等价交换，这是个客观规律，违反它，要碰得头破血流。他切切叮嘱全国的公社党委书记们："一定要每日每时关心群众利益，时刻想到自己的政策措施一定要适合当前群众的觉悟水平和当前群众的迫切要求。凡是违背这两条的，一定行不通，一定要失败。"

1959年钢产量指标，从3000万吨降到1800万吨，这是很大的调整幅度，这个变化来自他亲身的调查研究。

在社会主义建设时期，毛泽东不顾年事已高，多次到祖国的大江南北视察，把他所提倡的共产党人应该时时刻刻融会到人民群众之中去落实到实际行动中，为中国共产党人树立了光辉的楷模。

如何使共产党员和领导干部正确处理与人民群众的关系，如何牢固地树立全心全意为人民服务的思想，是毛泽东终生关注的问题。

毛泽东要求全党树立为人民服务的思想，并把它写入党章。他指出："我们共产党区别于其他任何政党的又一个显著标志，就是和最广大的人民群众取得最密切的联系。全心全意地为人民服务，一刻也不脱离群众；一切从人民的利益出发，而不是从个人或小集团的利益出发。"

人民利益至高无上，是中国共产党的最高宗旨。作为中国共产党第二代领导核心的邓小平，不仅继承了毛泽东为人民谋利益的思想，而且向前发展了这一思想，为新时期党的思想建设注入了新的活力。

邓小平时刻关注最广大人民的利益和愿望，把为人民谋利益作为制定新时期党的基本路线的出发点和落脚点。他所提出的经济建设是中心、党的基本路线等一系列理论都是从民族的前途、人民的根本利益出发的。

邓小平多次强调指出：我们的改革是大家的主意，人民的要求，是全国人民的长远利益所在。只有改革，不断发展经济，人民才相信我们，

做党的光荣传统和
优良作风的忠实传人

我们的事业才有希望。不改革，不发展经济，人民不能容忍，我们的党也不能容忍，人民的利益就会受到最大的损害。不改革，"不发展经济，不改善人民生活，只能是死路一条"。正是基于此，邓小平一直把经济建设视为"第一任务""中心任务"、根本的任务和"归根到底"的任务。

在改革开放和社会主义现代化建设的实践中，邓小平更是坚持把人民拥护不拥护、人民赞成不赞成、人民高兴不高兴、人民答应不答应作为制定各项方针政策的根本依据，作为判断各项工作成败得失的最高标准。而今，我们要贯彻党的群众路线，就要像邓小平这样将人民群众的冷暖放在心上，坚持把为老百姓谋利益作为想问题、干事业的出发点和落脚点。

在和平建设时期，如何正确看待和处理社会群体之间繁杂的利益关系，已经成为中国共产党人须予正视和解决的一大课题。作为党的第三代中央领导集体核心的江泽民反复强调要"诚心诚意为人民谋利益"，他在这方面的一系列精辟论述，坚持和发展了毛泽东、邓小平的马克思主义利益观，犹如一泓清泉，为毛泽东思想及邓小平理论注入了鲜活的时代内容。

江泽民的人民利益观是在继承马克思经典作家、毛泽东和邓小平的人民利益观的基础上的创新和发展，是"三个代表"重要思想的关键内容，认为在经济、政治和文化等领域坚持最大多数人民的利益是党和政府最紧要和最具有决定性的原则，强调通过大力发展生产力、实施科教兴国战略、协调各类利益矛盾及加强反腐倡廉等途径来实现人民的根本利益。他更是多次把为人民谋利益同党的根本宗旨和群众观点有机地联系起来，并做了进一步阐述。

1991年7月1日，江泽民在庆祝中国共产党成立七十周年大会上的讲话中指出："全心全意为人民服务是我们党的根本宗旨，密切联系群众是我们党的优良作风。在革命战争年代，我们党能够赢得人民群众的衷心拥护，就在于党以自己的实际行动表明，它是为人民的利益而斗争的。"1992年6月9日，江泽民在中央党校省部级干部进修班上的讲话中强调："党的干部和党员必须全心全意为人民服务，必须诚心诚意为人民谋利益。"

党的十六大以后，以胡锦涛为总书记的党中央在继承前人的基础上，进一步丰富和发展了人民利益观，使我们党的人民利益观逐渐形成了一个内容丰富的科学体系，主要内容包括：提出以人为本的理念，确立了人民利益主体的地位；建设和谐社会，进一步明确和完善了人民利益的实现目标；坚持以科学发展观为指导，使人民利益的实现途径有了更大的拓展；坚持"权为民所用、情为民所系、利为民所谋"，切实保障民生，突出了实现人民利益的重点内容。

2013年全国两会上，新一届中央领导集体再次强调指出，坚持把人民利益放在第一位，着力保障和改善民生。

"对重大改革尤其是涉及人民群众切身利益的改革决策，要建立社会稳定评估机制。遇到关系复杂、牵涉面广、矛盾突出的改革，要及时深入了解群众实际生活情况怎么样，群众诉求是什么，改革能给群众带来的利益有多少，从人民利益出发谋划思路、制定举措、推进落实。"2014年2月28日，习近平总书记在中央全面深化改革领导小组第二次会议上的重要论述，指明了改革的根本目的和实施方法，为妥善处理改革发展稳定关系、切实维护人民利益提出了具体要求。

"把改革方案的含金量充分展示出来，让人民群众有更多获得感。"习近平总书记2015年2月27日在中央全面深化改革领导小组第十次会议上说。在被定义为全面深化改革关键之年的2015年，习近平总书记的这一关键之语，昭示着关键之年的全面深化改革，将会更加彰显"为人民改革"的鲜明取向。

民可载舟，也可覆舟。得民心者得天下，失民心者失天下。中国共

产党只有正确处理自己与人民群众的关系,始终代表最广大人民群众的根本利益,加强党风建设,不断清除肌体上的各种毒瘤,纯洁党的队伍,才能得到人民的信任、支持和拥护,中国共产党执政才有强大而坚固的基础。

四、"干部好不好,老百姓说了算"

2015年5月25日中午11时10分。浙江舟山群岛。碧空如洗、艳阳高照,浪花朵朵、海风习习。

银白色的机翼掠过这片波澜壮阔的蓝海,停靠在海天一色的地平线,机舱里走出一个熟悉的高大身影——习近平。这天,习近平总书记到浙江舟山考察调研。一下飞机他就前往城市展示馆,观看反映舟山群岛新区经济社会发展的图片、沙盘、视频短片,并向有关负责人详细了解情况。

在同舟山定海区新建社区村民座谈时,群众纷纷给村干部带领大家致富点赞。习近平总书记说:"人民群众对美好生活的追求就是我们党的奋斗目标。金杯银杯不如老百姓的口碑。干部好不好不是我们说了算,而是老百姓说了算。"这短短几句话,字字千钧,意味深长。

"为了谁""依靠谁""我是谁"这三个命题,是关系到实践党的宗旨、执政为民的大问题。作为党员干部,当得怎么样,事情做得怎么样,不能只有上级说了算,更不能自说自话。百姓对干部的好与坏,有绝对的话语权,这比镶嵌在公文上的评价标准更贴近实际。人民公仆是否为人民,干部是否有效履职,老百姓最有发言权。因为他们是直接的受众,他们最有感触。

知屋漏者在宇下,知政失者在草野。路线政策对不对,发展方向偏不偏,群众最有发言权。因此,要把人民满意不满意作为衡量我们工作的第一标准,以人民群众意见这把尺子来丈量我们工作的长短。

早在陕甘宁边区时期,边区政府就告诫各级干部:要使工作检查彻底,必须做到群众能"有啥说啥"。也正是因为让群众畅所欲言,针对时弊实行精兵简政,使边区经济得以发展,民生得以改善,人民群众发自内心地歌颂党和党的领袖,唱出了《东方红》《绣金匾》。

1945年4月24日,毛泽东在《论联合政府》一文中指出:"应该使每个同志明了,共产党人的一切言论行动,必须以合乎最广大人民群众的最大利益,为最广大人民群众所拥护为最高标准。"在领导实践中达到这一"最高标准",是坚持全心全意为人民服务宗旨的最后落脚点。全心全意为人民服务的根本宗旨,是中国共产党领导过程与领导目的、出发点与落脚点、主观动机与客观效果的高度统一,是贯穿在毛泽东领导理论和领导实践中的一条红线。

1949年3月23日上午,毛泽东等中央领导乘车从西柏坡前往北平。在路上,毛泽东兴奋地对周恩来说:"今天是进京'赶考'的日子,进京'赶考'去。"周恩来笑着回答:"我们应当都能考试及格,不要退回来。"毛泽东说:"退回来就失败了。我们决不当李自成,我们都希望考个好成绩!"

"进京赶考"是中国古代科举考试制度的专有名词。那时,全国的学子们先要通过乡试考上秀才,再通过州县考试考上举人后,才有资格进京考取进士。由于每次考进士的时间是确定的,考试的地点又多在皇帝所在的京城,所以便有了"进京赶考"一说。毛泽东所说的"进京赶考",是对中国古代科举考试制度的引喻和借用,其意蕴已经远远超过了原来这一说法的内涵。

毛泽东所说的"进京赶考",有着两方面的含义:一个是金榜题名,一个是名落孙山。金榜题名说明赶考及格,执政得到全国人民拥护;名落孙山说明赶考没有成功,群众不喜欢我们,没有让我们及格。

当然,这里的"进京赶考",广大人民群众是考官。

做党的光荣传统和
优良作风的忠实传人

对于李自成及他领导的农民起义军的失败,早在延安时期,毛泽东就告诫全党要引以为鉴,要求全党同志认真阅读郭沫若写的《甲申三百年祭》,以吸取李自成失败的经验教训。

1944年4月12日,毛泽东在延安高级干部会议上作《学习和时局》报告时,特意谈到他让全党学习的用心:"我们印了郭沫若论李自成的文章,也是叫同志们引为鉴戒,不要重犯胜利时骄傲的错误。"同年11月,他还特意致信郭沫若:"你的《甲申三百年祭》,我们把它当作整风文件看待。小胜即骄傲,大胜更骄傲,一次又一次吃亏,如何避免此种毛病,实在值得注意。"

在《甲申三百年祭》里,郭沫若曾用较多笔墨叙述李自成的优长劣短。称其武艺精湛、指挥有方、治军甚严,规定官兵禁私藏金钱,经城镇禁入住百姓家,除家室外禁与女人相处,等等。他历来身体力行,不好色,不饮酒,不贪财,起义军入驻京城之时,依旧是行军装束。可见,他能吸纳众才、得万民拥护,历经多年征战,数破明朝围剿,终成燎原之势,乃至1644年(旧历甲申年)农民起义军攻占北京都绝非偶然。只可惜,进驻京城不久,他就被胜利冲昏头脑,听不进良言,乱政轻敌,军纪涣散,以致首领生活腐化,宗派内耗日增,其结果是他创立的大顺政权仅存40余天就以悲剧收场。

70多年过去了,毛泽东的"进京赶考""不当李自成",对于今天全党、全国来说,仍然具有十分重要的现实意义。

在实现中国梦的进程中,中国共产党还会遇到许多新的"考题",而且越来越复杂,越来越非同既往。党的七届二中全会和进京"赶考"形成的以"两个务必"为核心的西柏坡精神和"进京赶考"精神,一直激励着全党同志奋勇前进。2013年7月11日至12日,习近平总书记在西柏坡考察时强调:"我们面临的挑战和问题依然严峻复杂,应该说,党面临的'赶考'远未结束。"

第三章 密切联系群众是中国共产党的力量源泉

习近平总书记在西柏坡作出"党面临的'赶考'远未结束"的重要论断，旨在说明，面对新形势、新任务，党的领导水平和执政水平将面临新的挑战。面对严峻复杂的挑战，习近平总书记以"赶考"来告诫全党，这既是对历史的深刻总结，更是对现实的清醒认识。一个"赶"字，道出了只争朝夕的紧迫感。

如果说，毛泽东当年提出"两个务必"，是对"打得下江山"的人能否"坐得稳江山"的一次忠告，那么习近平总书记今天则是认识到了这支执政队伍，在"巩固江山"问题上已经面临的某种危险。所以，在西柏坡，习近平总书记说，所有领导干部和全体党员，要继续把"考试考好，努力交出优异的答卷"。2014年10月8日，习近平总书记在党的群众路线教育实践活动总结大会上的讲话中明确指出："在新的历史起点上坚持和发展中国特色社会主义，我们党面临的执政考验、改革开放考验、市场经济考验、外部环境考验是长期的、复杂的、严峻的，精神懈怠危险、能力不足危险、脱离群众危险、消极腐败危险更加尖锐地摆在全党面前。"

中国共产党的事业无止境，"进京赶考"也会无穷期。作为党的各级领导干部，只有常怀赶考之心，常修为官之德，常除非分之想，永葆共产党人政治上的坚定性和思想道德上的纯洁性，才能在各种复杂的局势面前不迷失、不懈怠，才能在各种考验面前，向党和人民交出满意的答卷。

但遗憾的是，在考试面前，如今有些领导干部滥用职权，贪污受贿，腐化堕落，失职渎职，不但考试不及格，还严重损害了党和政府的形象和人民群众的利益。对他们的考试成绩，人民群众是不会满意的，只能打零分。所以，这面镜子无不在警示我们：每一个共产党人要肩负起人民的重托，永葆革命本色，就必须常怀赶考之心，常思人民疾苦，常鸣警醒之钟。

做党的光荣传统和
优良作风的忠实传人

因此,在新的历史条件下,重温毛泽东"进京赶考"的教诲,常怀赶考之心,对中国共产党的各级领导干部来说至关重要。

实践证明,检验中国共产党执政"考试"合格与否的"考官",不是别人,就是中国最广大的人民群众。敬畏"考官"就是要敬畏人民群众。因为历史唯物主义告诉我们,人民群众是历史活动的主体,是社会物质财富和精神财富的创造者,是推动社会发展的决定力量。

再者,检验"考试"最终合格与否的标准,也是由"考官"即最广大人民群众来决定的。事实说明,人民群众拥护不拥护、赞成不赞成、高兴不高兴、满意不满意就是"考试"评价的最高标准。

正因如此,中国共产党及其每个党员即"赶考"者,必须时刻敬畏人民群众,努力践行党的宗旨,真正做到"任何时候都要把人民利益放在第一位,始终与人民心连心、同呼吸、共命运,始终依靠人民推动历史前进"。

要"赶考"出好成绩,共产党人就要在作风上下功夫,继续保持谦虚、谨慎、不骄、不躁的作风,继续保持艰苦奋斗的作风,这是历史沉淀下来的优良传统,老祖宗不能丢。

要"赶考"出好成绩,必须不断增强责任意识,这是对共产党人的基本要求。责任意识强不强,不是看嘴上讲得怎么样,关键是看能否在自己的工作和生活中体现出来。必须时时、事事、处处都要发挥先锋模范作用,做到平时工作能够看得出来,关键时刻能够站得出来,危急关头能够豁得出来。

要"赶考"出好成绩,还要有接受评判、经受检验的自觉。如今,每名党员干部都进入了整治"四风"的考场上。如果想考出好成绩,必须熟悉考官的评判标准,听从考官的忠告建议,接受考官的监督检查。

"生于忧患,死于安乐。"中国共产党的"赶考",只有进行时,没有终点……

五、脱离人民群众是最大的危险

"桀纣之失天下也，失其民也；失其民者，失其心也。得天下有道，得其民，斯得天下矣。得其民有道，得其心，斯得民矣。"1921年南湖"红船"上诞生的中国共产党日益强大，激发出扭转乾坤之伟力，改变了一个古老民族沉沦百年的命运，将一个文明古国推进了社会主义现代化的航道。

100年的风雨历程昭示了这样一个铁的事实：无论是在顺风顺水时的预防风险，还是在关键时刻的找准航向，或是在危难时刻的力挽狂澜，中国共产党都得力于密切联系群众的政治优势。

在战争年代，中国共产党靠人民群众的支持取得了革命的胜利。淮海战役数十万群众推小车送补给的支援、苏区群众"十送红军"的深情、沂蒙山红嫂救活解放军战士的乳汁……这些都是党与人民群众血肉联系的生动写照。

但是，革命的胜利，中国共产党从革命党到执政党，不仅是身份的转变，还有空间环境的变化，这样的转变从客观上使得党与人民群众的空间距离被拉远了。党和政府的机关驻地从窑洞和农家小院变成了机关大楼，尤其是进入改革开放新时期以来，机关大楼越盖越气派，越盖越豪华，办公条件越来越舒适，但在群众眼里，却日益森严庄重，缺少了当年那份亲近，变得难以靠近。

一切为了群众、一切依靠群众，从群众中来、到群众中去，这是中国共产党在领导中国革命"血与火"的考验中总结出来的"群众路线"，并作为党的根本路线、领导作风和工作方法传承下来，在社会主义建设过程中不断得到发展和巩固。

从总体上看，当前中国共产党的各级组织和党员干部贯彻执行党的群众路线的情况是好的，党群干群关系也是好的，赢得了广大人民群众的肯定和拥护。这是主流，必须充分肯定。但也必须清醒地看到，面对

做党的光荣传统和
优良作风的忠实传人

世情、国情、党情的深刻变化,有些党员干部脱离群众的现象也大量存在。主要集中表现在形式主义、官僚主义、享乐主义和奢靡之风这"四风"上。

一是形式主义。主要表现为有些干部用哗众取宠代替实事求是,用投机取巧代替实干苦干,用粗枝大叶代替一丝不苟,用走马观花代替深入实际,用潦草应付代替严谨作风,用口头汇报代替实际工作,用三心二意代替全心全意,用拖拖拉拉代替雷厉风行,用欺上瞒下代替求真务实,用表面文章代替表里如一。

二是官僚主义。主要表现为有些领导干部,只要能安坐办公室,就绝不愿下基层"受苦",甚至不愿和群众"坐同一条板凳",怕给自己添麻烦;喜欢拍脑袋决策、拍屁股走人,盲目铺摊子、上项目,留下一堆后遗症;对上吹吹拍拍、曲意逢迎,对下喝五吆六、横眉立眼,门难进、脸难看、事难办;思维僵化,机械执行上级决定,生搬硬套,完全不顾实际情况;官气十足、独断专行,总觉得"自己高明、别人不行",容不下他人,听不得不同意见。

三是享乐主义。主要表现为有些干部意志消沉、信念动摇,他们奉行及时行乐的人生哲学,"今朝有酒今朝醉""人生得意须尽欢",追求吃得好、玩得痛快、住得舒服,享受所谓的"人间乐趣"。有些干部为了追求"舒适"目标,不惜铤而走险,大肆索贿受贿,最终沦为人民的罪人。

四是奢靡之风。主要表现为有些干部的群众观念日渐模糊,甚至完全淡忘。有些干部要求超规格接待,住豪华酒店,吃山珍海味,喝美酒佳酿。有些干部在高档场所、名山秀水流连忘返、乐不思蜀。还有些地方财政经费也敢拿来乱花,甚至扶贫款项也敢拿来挥霍,奢靡之风之盛、之甚让人瞠目结舌。

尽管"四风"问题只是存在于少数领导干部身上,但这些问题的存在严重影响了中国共产党在人民群众心目中的形象,伤害了人民群众的感情，降低了人民群众对党的信任度，削弱了党同人民群众的血肉关系。

在此背景下，十八大报告重申了党在新形势下面临的"四大考验"和"四大危险"。所谓"四大考验"，一是长期执政的考验。由于中国共产党长期执政、执政环境日趋复杂、执政基础有所变化，存在如何加强和改进自身建设，以巩固党的执政地位的考验。二是改革开放的考验。如何在全面深化改革开放的同时，坚持和发展中国特色社会主义的考验。三是市场经济的考验。中国共产党既要经受住市场经济对党负面影响的考验，又要经受住市场经济所引发的意识形态安全的考验。四是外部环境的考验。我们党面临的国际大环境和周边环境日趋复杂严峻，包围、遏制、打压、分化、唱衰中国的行径日趋激烈。

所谓"四大危险"，一是精神懈怠危险。有的党员干部缺乏理想信念，缺乏自信，缺乏斗志。二是能力不足危险。有的党员干部难以胜任所肩负的历史重任，难以应对诸多挑战和"四大考验"。三是脱离群众危险。有的党员干部高高在上，不愿深入群众，背离了党同人民群众密切联系的优良传统。四是消极腐败危险。一些领域腐败现象易发多发，严重侵蚀着我们党的肌体。

在"四大危险"中，"脱离群众的危险"当属中国共产党面临的最大危险。加强党的执政能力建设的核心任务是"坚持以人为本、执政为民，始终保持党同人民群众的血肉联系"。这一重要结论是对中国共产党执政经验和规律的深刻总结，也是对世界其他执政党兴衰存亡的深入思考。

曾几何时，列宁领导的布尔什维克党（"苏联"建立后，改名为"苏联共产党"），以"和平、土地、面包和自由"的奋斗目标和行动纲领，得到了广大民众的信赖和支持。广大人民群众在这个纲领的激励下为新生活而战斗，其领导人和广大党员更是为人民群众的彻底解放而不惜抛头颅、洒热血、前赴后继、英勇斗争。布尔什维克党以体现人民群众利益的心声和关爱人民群众的实际行动赢得了广大人民群众的由衷拥护，

做党的光荣传统和
优良作风的忠实传人

形成了血肉般的党群关系。

十月革命初期,布尔什维克党以"两个压倒多数"的骄人成绩宣告在党群关系方面取得了巨大成功,在苏维埃代表席位上赢得了60%的选票。同时,布尔什维克党在反动统治的旧军队中赢得了绝大多数军人的支持。

然而,随着时间的推移,苏联共产党在执政过程中脱离群众的现象越来越严重。在斯大林执政时期逐渐形成的高度集中的政治体制堵塞了人民群众的政治参与渠道。著名作家罗曼·罗兰在他的《莫斯科日记》里曾这样描述:"那些达官贵人的生活足够说明问题了,他们过着一种特权阶层的生活。与此同时,人民却依然为得到面包和环境(我指的是房子)而艰苦地奋斗着。"

苏联解体前夕,《真理报》曾发起过一次民意调查,结果多数苏联民众都认为苏共不再代表工人阶级、劳动人民和全体党员了。这一结果无疑和当年布尔什维克党被人民群众以高选票推上执政地位形成了鲜明的对比。

苏联解体后,苏共领导人戈尔巴乔夫在反思时承认:"失去了人民的支持,就失去了主要的资源,就会出现政治冒险家和投机家。"应该讲,这是针对他自己的切身体会而深刻反思的结果。布尔什维克这个曾经的多数派,没有找到大多数人民群众的"最大公约数",背离了人民,最终只会走向灭亡。

苏共之所以在20万党员时夺取政权、200万党员时取得卫国战争胜利、2000万党员时丧权亡党,一个重要原因就是脱离人民群众,党内存在严重的腐败问题。苏共垮台、苏联解体的历史悲剧警示我们,不管一个政党曾经多么辉煌,一旦陷入腐败泥潭不能自拔,就必然会失去人民群众的支持,被历史所抛弃。

列宁也曾经指出,对于执政党来说,"最严重最可怕的危险之一就是脱离群众"。脱离群众不仅使马克思主义政党丧失了理论上的合法性，而且会使自己处于十分危险的境地。第一，脱离群众必然使马克思主义政党失去方向。第二，脱离群众必然使党的路线、方针、政策脱离实际，给社会主义事业造成重大损失。第三，脱离群众会使马克思主义政党失去动力。

在近代中国，各种社会力量及代表人物纷纷登台亮相，至民国初年政党派别多达300多个，先后都提出了种种救亡图存主张，进行了种种尝试，但由于没有找到正确道路，这些尝试和努力最终都以失败而告终。在日益深重的民族危机面前，谁能找到一条救国救民的道路，人民就跟谁走，谁就能成为中国人民的领导核心和中华民族的中流砥柱。

"人民跟着共产党干什么？"邓小平曾这样回答，"一求翻身解放，二求富裕幸福"。习近平总书记多次告诫党员干部必须"把心贴近人民"。中国共产党自成立以来，就始终把"人民跟着共产党干什么"作为必须回答好的政治课题来秉承、去追寻。

当今，有些领导干部脱离人民群众，大致有以下几点原因：首先，思想认识偏位，名利思想占位。一些领导干部宗旨意识不强，忘记了人民群众这个"衣食父母"，背离了党的群众路线，丢掉了做好群众工作的优良传统，错误的权力观、地位观和利益观成为脱离群众的思想前提。其次，群众观点移位，工作方式错位。一些领导干部群众观念淡化，群众感情淡漠，群众立场动摇，实际工作不问社情民意，只追求所谓"政绩"，导致工作方式错位。第三，制度建设缺位，监督落实虚位。一些地方和部门在直接联系和服务群众工作方面，没有一套系统完备、科学规范、运行有效的激励和约束机制，不能把领导干部手中权力关进"制度的笼子"，难以全面形成鼓励、支持和维护密切联系群众的制度环境。

"最大优势"与"最大危险"是党与群众关系问题的两个方面，此消彼长。"最大优势"长，则"最大危险"消。反之亦然。毛泽东说过：

做党的光荣传统和
优良作风的忠实传人

"房子是应该经常打扫的,不打扫就会积满了灰尘;脸是应该经常洗的,不洗也就会灰尘满面。我们同志的思想,我们党的工作,也会沾染灰尘的,也应该打扫和洗涤。"

党的十八大以来,中央从"打虎"行动到"猎狐"行动,从中央巡视组的"问题清单"到中纪委官网的"正风清单",其目的就在于固本强基,收复民心"失地",防止人心"水土流失",党心民意产生了强烈的共振、共鸣。

2013年4月19日,中央决定从2013年下半年开始,用一年左右时间,在全党自上而下分批开展党的群众路线教育实践活动。就是要清除作风之弊、洗净行为之垢,确保党的肌体健康,密切党群干群关系。习近平总书记指出,坚持群众路线,就要坚持全心全意为人民服务的根本宗旨。"政之所兴在顺民心,政之所废在逆民心。"全心全意为人民服务,是中国共产党一切行动的根本出发点和落脚点。

人民群众是中国共产党最坚强有力的靠山,共产党人一刻也不能脱离人民群众。尤其是在当前全面深化改革的关键时期,关系群众生活的诸如就业、上学、住房、医疗、社保、收入分配等问题,还需要中国共产党和政府采取一系列切实可行的措施,加快推进以改善民生为重点的社会建设。

此外,近年来国内外敌对势力打着"人权"旗号,企图以此来推翻中国共产党的领导、实现"西化"和"分化"中国的图谋,这场没有硝烟的"人民群众争夺战"一刻也没有停止过。中国共产党只有在任何时候都坚持马克思主义的群众观,才能最终打赢这场"人民群众争夺战"。

要解决好这个问题,首要的是取得广大群众的信任。中国共产党人只有视群众为衣食父母,变官员为公仆,变衙门庭深为群众之家,变高高在上为走街串巷,穿百姓衣,吃百姓饭,说百姓话,干百姓活,谋百姓事,才能使群众认识到,我们所从事的各项工作都是为广大群众谋利益的，只有赢得群众的信任和支持，我们的各项工作才好开展，党的事业才会在人民群众的支持下得以发展壮大。

其次，要充分相信群众，使群众放手发动自己。要凝聚群众力量，有效调动群众投身改革发展的积极性、主动性和创造性。尊重群众的首创精神，变为民做主为由民做主，放手发动群众，让群众自己教育自己，自己管理自己，自己解放自己，自己发展自己，释放人民群众的智慧和力量。

第三，服务群众但不等于"包办民意"。不能以自己的理念代替群众的实际，把自己脑子里头幻想出来的需要，视为群众实际上的需要，从而习惯于闭门造"事"，想当然的"包办"民意，以致事与愿违，招致不满。干部不能把办实事、做好事、解难事当作个人政绩工程来抓，好大喜功，盲目攀比，大搞"形象工程""示范工程"，结果劳民伤财，失去了民心。毛泽东早就指出："在我党的一切实际工作中，凡属正确的领导，必须是从群众中来，到群众中去。"这不仅是马克思主义的认识论，更是我们党的正确领导方法和工作方法。

中国共产党的作风建设是一场持久战，伴随从严治党的全过程。因此，群众路线教育实践活动"收尾"不"收场"，必须实现从转变党风向重塑党风的过渡，使党员、干部不敢、不能、不想沾染歪风邪气成为党的常态作风。

六、永远做人民群众的普通一员

站在最大多数劳动人民的一面。

毛泽东1947年为陕西佳县县委题字石碑，如今还醒目地立在"窑洞县委"大院中央，佳县县委一直用实际行动践行着这份嘱托。

做党的光荣传统和
优良作风的忠实传人

　　这个"窑洞县委"各部门坚守在3排57孔窑洞中办公,已有41年,陈设简单的办公室至今还没安装空调。但县委县政府拨款900万元改善佳县唯一的高中的教学条件,近几年,更是修道路、修便民服务中心、建农村敬老院……

　　窑洞县委大院一直都"开门办公",佳县县委门口的这条大路,就叫"人民路"。多年来,人民路上的佳县县委一直"开门办公",群众来访畅通无阻。简朴的办公条件,无形中拉近了与群众的距离。

　　中央八项规定出台以来,各地因办公面积超标、办公场所超规格而被通报处理的领导干部不胜枚举,究其原因,无外乎是所谓的"面子"心理、特权心理、享乐主义等因素在作祟,往更深点说,就是为人民服务的宗旨意识发生了变化,忘了"中国共产党党员永远是劳动人民的普通一员"。

　　《中国共产党章程》第一章明确指出:"中国共产党党员永远是劳动人民的普通一员。除了法律和政策规定范围内的个人利益和工作职权以外,所有共产党员都不得谋求任何私利和特权。"这是中国共产党100年来赢得群众拥护和支持的宝贵经验总结,也是每一位党员干部必须遵循的底线。

　　众所周知,中国共产党的性质和宗旨,决定了其组织肌体与特权水火不容。因此,在革命、建设和改革发展的各个阶段,消除特权思想、铲除腐败现象都是全党的重要政治任务,也是党的建设的重要指导思想。

　　中国共产党从诞生伊始就宣告没有自己的特殊利益,坚决与各种特权思想和腐败现象划清界限。

　　毛泽东出身普通农民家庭,深知社会底层民众生活的艰辛,所以自青少年时代起他就对社会上的各种特权行为和不平等现象深恶痛绝,立志要建立一个天下为公、人人平等的新社会。早年他对大同社会、新村主义的向往,以及后来他主张中国走社会主义道路,都在一定程度上反映了他的这一志向。

毛泽东反特权思想比较早地体现在红军建设过程中。从井冈山革命时期起，毛泽东就要求"废止肉刑辱骂"，提倡官兵生活平等，指出："官兵之间只有职务的分别，没有阶级的分别，官长不是剥削阶级，士兵不是被剥削阶级。"

在井冈山艰难困苦的环境中，党的干部甚至高级领导干部都能够以身作则，坚持官兵平等，不搞特殊化，比如井冈山时期与红军战士一起喝南瓜汤、吃红米饭，同甘共苦，共同劳动。正如毛泽东所说的，我们的一切干部，不论职位高低，都是人民的勤务员，我们所做的一切，都是为人民服务。在面临生死考验的战场上，越是党员干部越是身先士卒、冲锋在前。在严格的党纪军纪面前，同样没有官大官小的区别，没有"刑不上大夫"的特权。

新中国成立后，中国共产党由革命党成为执政党，大批党员干部走上领导岗位，担任领导职务，有了更好地为人民服务的条件，但同时也面临着导致各种特权思想、特权现象发生的诱惑。

正因如此，早在新中国成立前夕的七届二中全会上，毛泽东就明确告诫全党：务必使同志们继续地保持谦虚、谨慎、不骄、不躁的作风，务必使同志们继续地保持艰苦奋斗的作风。针对党内出现的官僚主义现象，毛泽东特别强调："全党要鼓起干劲，打掉官风，实事求是，同人民打成一片。"

为了防止党腐化变质，也为了防止特权贵族阶层滋生，新中国成立初期，毛泽东相继发动了"三反""五反"等多次学习整风运动，严厉打击和惩治了一批贪污腐化分子。其中，在处理刘青山、张子善时，毛泽东表现出异常果断坚决的态度，足以反映出他对贪污腐败及干部特权的深恶痛绝。

1956年，鉴于波匈事件暴露出的社会主义国家执政党建设的问题，

做党的光荣传统和
优良作风的忠实传人

党的八届二次会议提出了防止各级领导人员特权化，防止产生特权阶层的重要思想和主张。在这次全会上，毛泽东语重心长地告诫与会者：

> 县委以上的干部有几十万，国家的命运就掌握在他们手里。如果不搞好，脱离群众，不是艰苦奋斗，那么，工人、农民、学生就有理由不赞成他们。我们一定要警惕，不要滋长官僚主义作风，不要形成一个脱离人民的贵族阶层。谁犯了官僚主义，不去解决群众的问题，骂群众，压群众，总是不改，群众就有理由把他革掉。

在1958年党的八大二次会议上，毛泽东还指出："因为我们有些干部是老子天下第一，看不起人，靠资格吃饭，做了官，特别是做了大官，就不愿意以普通劳动者的姿态出现。这是一种很恶劣的现象。如果大多数的干部能够以普通劳动者的姿态出现，那末这少数干部就会被孤立，就可以改变官僚主义的习气。"

为了防止干部队伍滋长官僚主义和各种特权现象，中国共产党采取了一系列措施。如在分配上对干部采取低薪制，实行干部与工人大体相当的工资标准，并全部取消了干部的职务津贴和奖金等。部队军官取消了军衔。干部在办公条件、住房、乘车等方面也没有多少特殊，几个人在一个房间办公，打水扫地自己动手，一个县委和县政府总共就一两辆公车。实行干部参加劳动锻炼制度。

毛泽东认为干部不参加劳动，官做大了就容易脱离群众，脱离实际，产生官僚主义作风。1958年2月，中共中央专门发出关于干部进行劳动锻炼的指示，规定干部下放参加农业、工业、交通等行业的劳动。要求下放干部同工农群众同甘共苦，向工农群众学习，成为群众的知心朋友。

毛泽东既是反对特权的提倡者，又是反对特权的示范者。1950年9

月,长沙地委和湘潭县委打算为毛泽东在韶山修建房屋和公路,毛泽东得知后立即写信给黄克诚、王首道和邓子恢进行制止,说:"如果属实,请令他们立即停止,一概不要修建,以免在人民中引起不良影响。是为至要。"

1950年秋,湖南省韶山进行土地改革,不少人提议将毛泽东家庭定为中农或贫农,收到家乡农会的征求意见信后,毛泽东认真对待,并趁毛岸英、毛岸青回韶山之便,转达了他的意见,说:"一、所有财产分给农民。二、划分富农,责无旁贷,付来300元作为退押金。三、人民的政府执法不徇私情,照政策办事,人民会相信政府。"

除了严于律己之外,毛泽东对于子女也是严格要求,反对他们享受特权。比如他的大儿子毛岸英回国后,毛泽东就首先让他到农村土改的实践中去锻炼学习。新中国成立后,又让他到工厂第一线工作。更让人们敬佩的是,朝鲜战争爆发后,毛泽东率先将自己的儿子送上了战场。

毛泽东一再告诉他的家人和亲友,现在的天下,不是毛家的天下,而是人民的天下。在处理亲情方面,他坚持三个原则:恋亲不为亲徇私、念旧不为旧谋利、济亲不为亲撑腰。

据统计,《毛泽东致韶山亲友书信集》收录了新中国成立后毛泽东写给家乡亲友的书信88封,其中有19封信是拒绝为亲友开后门的。在给表兄文运昌来信的批示上,他甚至一次回绝了外婆家15位亲人的要求,写道:"许多人介绍工作,不能办,人们会说话的。"1954年4月29日,在《给石城乡党支部、乡政府的信》中,毛泽东更是明确反对地方政府特殊照顾文家亲戚,说:"文家任何人,都要同乡里众人一样,服从党与政府的领导,勤耕守法,不应特殊。请你们不要因为文家是我的亲戚,觉得不好放手管理……希望他们进步,勤耕守法,参加互助合作组织,完全和众人一样,不能有任何特殊。如有落后行为,应受批评,不应因为他们是我的亲戚就不批评他们的缺点错误。"

做党的光荣传统和
优良作风的忠实传人

毛泽东以身作则，自觉抵制和反对特权，在当时起到了很好的表率作用，不仅有效遏制了官僚主义的滋生和发展，而且大大改善了干群关系。

改革开放以来，中国共产党认真总结"文化大革命"及其以前的惨痛教训，继续坚持反对特权。这个阶段，反特权重点是反对特殊化，与以往不同，这个阶段反特权更加注重制度和法治建设。

1979年11月2日，邓小平在向党内高级干部讲话时指出："最近一个时期，人民群众当中主要议论之一，就是反对干部特殊化。要讲特殊化，恐怕首先表现在高级干部身上"，"有些人特殊化比较厉害"，"应该看到，这不单是一个党风问题，而且形成了一种社会风气，成了一个社会问题"，"人民群众反对特殊化，下面干部反对特殊化，首先是对着我们这些高级干部的"。

邓小平在1980年还指出反对特殊化是一场严肃的斗争；"特殊化不只是部分高级干部，各级都有，各个部门都有。总之，我们一些干部成了老爷就是了。我们的党员、干部，特别是高级干部，一定要努力恢复延安的光荣传统，努力学习周恩来等同志的榜样。"

在1980年《党和国家领导制度的改革》的重要讲话中，邓小平特意列举了"家长式人物"的种种作派，比如，"至今还有一些高级干部，所到之处，或则迎送吃喝，或则封锁交通，或则大肆宣扬，很不妥当"。他要求，种种严重脱离群众的事情，"从中央到各级不许再做了"。

此外，江泽民、胡锦涛等历代中央领导人，也特别注意反对特权，经常提醒党的高级干部要记住手中掌握的权力是人民赋予的，只能用来为人民谋利益，而不能为自己、为小团体谋私利。

任何特殊权力、特殊利益，都会严重破坏中国共产党同人民群众的血肉联系，让党的事业失去根基、失去血脉和力量，不能不时刻警惕。

近年来，中国共产党面临"四种危险"，"脱离群众"更是其中攸关生死存亡的重大问题，而诸如公款吃喝、超标公车、亲属吃空饷、子女接班或经商……小至衣食住行，大到升学就业，无不是为权力羽翼所荫蔽的特殊利益。

党的十八大之后，党中央从人民的利益和立场出发，对特权发出"肃清令"。2012年12月4日，中央政治局会议审议通过八项规定。"舌尖上的浪费""车轮上的铺张""会所中的歪风"……自上而下的"问题清扫"迅速赢得百姓支持，群众对党的信心"指数"大幅攀升。

破除特权，关键是把权力关进制度的笼子里。建立健全权力运行制约和监督体系，让人民监督权力，让权力在阳光下运行。

2013年1月22日，习近平总书记在中国共产党第十八届中央纪律检查委员会第二次全体会议上强调，反腐倡廉建设，必须反对特权思想、特权现象。共产党员永远是劳动人民的普通一员，除了法律和政策规定范围内的个人利益和工作职权外，所有共产党员都不得谋求任何私利和特权。

2015年4月，"三严三实"专题教育启动。此前，党的群众路线教育实践活动掀起了一场"为了谁、依靠谁、我是谁"的深刻反省，让各级领导干部找出自己"皮袍下面藏着的'小'"来，唤醒蒙尘的宗旨意识。"三严三实"，归根结底也是要求党员干部牢记并恪守"全心全意为人民服务"。

"中国共产党党员永远是劳动人民的普通一员"，这不是一句空洞的口号，而是一种庄严的政治承诺。这"永远"二字要永远记在心中，一个共产党员，不管你的地位有多高、职务有多大、权力有多重，你劳动人民的本色不能变，共产党员的觉悟不能变，工作作风不能变。

七、恪守党的初心密切联系群众

在山西大同云州区，勉励"让黄花成为乡亲们的'致富花'"；

做党的光荣传统和
优良作风的忠实传人

在陕西柞水小岭镇金米村，赞叹"小木耳办成了大产业"；在浙江宁波舟山港，希望"努力克服疫情影响，争取优异成绩"……习近平总书记2020年在各地的考察行程中，点赞人民力量，激发奋斗激情，汇聚起风雨无阻向前进的信心与决心。

习近平总书记深情赞颂人民伟力，热情讴歌中国人民。掷地有声的话语，体现出鲜明的人民立场，诠释了一个人民政党不变的初心使命，彰显了一个百年大党的政治本色。

回顾百年历程，中国共产党创造了举世瞩目的中国奇迹。跨过一道又一道沟坎、取得一个又一个胜利，关键就在于我们党密切联系群众、紧紧依靠人民，充分发挥最广大人民的积极性、主动性、创造性。

历史和现实一再表明，人民是我们党的力量源泉，是我们共和国的坚实根基，是我们党执政兴国的根本所在。

人民是真正的英雄。回顾抗击新冠肺炎疫情斗争，习近平总书记指出，"战胜这次疫情，给我们力量和信心的是中国人民"。医务人员白衣执甲，解放军指战员闻令而动，党员干部冲锋在前，社区工作者昼夜值守，车间工人加班加点，志愿者无私奉献，亿万人民自觉防护……面对来势汹汹的疫情，在党中央统一领导下，全国动员、全民参与，联防联控、群防群治，构筑起最严密的防控体系，凝聚起坚不可摧的强大力量。广大人民群众识大体、顾大局，自觉配合疫情防控斗争大局，形成了疫情防控的基础性力量。抗疫斗争伟大实践再次证明，充分发动群众、紧紧依靠群众，同心同德、同舟共济、众志成城、团结奋战，胜利终将属于英雄的中国人民。

越是乱云飞渡、风吹浪打，越要凝心聚力、群策群力。这次疫情给我国发展造成了较大冲击和影响，但我国经济稳中向好、长期向好的基本面没有改变。无论是毫不放松常态化疫情防控，还是做好经济社会发展各项工作，都需要广泛动员群众、组织群众、凝聚群众，把我国发展的巨大潜力和强大动能充分释放出来。与人民心心相印、与人民同甘共苦、与人民团结奋斗，把亿万人民的智慧和力量凝聚到统筹疫情防控和经济社会发展工作中，就能在应对危机中掌握工作主动权、打好发展主动仗，奋力实现第一个百年奋斗目标。

当前从总体来看，党群干群关系是好的，绝大多数党员干部是为民务实、踏实干事、不谋私利、清正廉洁的。但也要清醒地看到，极少数党员干部也还存在着工作不实、作风浮夸、脱离实际、脱离群众，不知道群众想什么、急什么、盼什么，对群众合理诉求麻木不仁，解决实际问题推三阻四，敷衍塞责，严重损害了干群关系，伤害了党群感情。因此，如何适应新时代党群关系面临的新情况、新要求，进一步密切联系群众，始终保持党同人民群众的血肉联系。这既是对以往经验的秉承汲取，更是保持党的生机和活力的根本所在。

密切联系群众要用真情实感。作为党员干部，为民排忧解难，是一种职责的约束、岗位的要求，不应把手中的权力当成命令群众的工具。作为党员干部就要强化公仆意识，端正对群众的态度，始终把群众放在心中最高位置，在思想感情上贴近群众，对群众重情重义，像善待自己的亲人一样善待群众，把对群众的爱融入实际工作中，转化为群众办实事、做好事、解难事的责任和动力。

密切联系群众要接"接地气"。权力与责任是密不可分的，权力越大，责任也就越大。作为党员干部不应只把眼睛盯在权力上，还应看到权力背后所凝结的责任。作为党员干部必须把权力与责任统一起来，真正做到秉公用权，为民尽责。

党的路线、方针、政策的贯彻实施离不开人民群众的理解和支持，必须符合人民群众利益，必须充分体现人民群众的意愿。党员干部只有进一步大兴调查研究之风，善于坐在矮板凳上听民声、访民情、化民怨、解民难，吃透老百姓的"喜怒哀乐、酸甜苦辣"，这样才能更加充分地

激发和凝聚人民的智慧力量，真正将政策制度建立在与体现人民群众愿望的契合度之上，从而解决人民群众最迫切的需要。

密切联系群众要为政清廉。党员干部要当好人民公仆，最重要的是在树立马克思主义权力观的基础上，自觉地为人民掌好权、用好权，才能保证权力运用廉洁高效，符合广大人民群众的意志和利益。

党员干部是否清正廉明，关系人心向背、事业成败。只有始终保持共产党员的先进性、纯洁性，始终坚持把"清清白白做人，干干净净做事"结合起来，表里如一、言行一致，谨守底线、不越红线，切实做到一心为民、一心为党，只有这样才能保持一个党员干部的清廉形象，才能获得组织的放心和人民群众的拥护。

党的十八大以来，习近平总书记坚持马克思主义唯物史观，反复阐论党的根基在人民、血脉在人民、力量在人民，强调人民是我们党执政的最大底气，是党执政最深厚的根基。"最大底气"论，深刻回答了中国共产党何以能够执政，何以执政兴国、长久执政的根本问题。

第四章 批评与自我批评是中国共产党强身健体的良药

我们共产党人开展自我批评,根本动力来自党性,来自对党和人民事业高度负责的精神。年轻干部要有"检身若不及"的自觉,经常对照党的理论、对照党章党规党纪、对照初心使命、对照党中央部署要求,主动查找、勇于改正自身的缺点和不足。要本着对党、对事业、对同志高度负责的精神大胆开展批评,帮助同志发现缺点、改正错误,团结同志一道前进。要涵养虚心接受批评的胸怀和气度,胸襟开阔、诚恳接受,有则改之、无则加勉。

——习近平总书记2021年3月1日在2021年春季学期中央党校(国家行政学院)中青年干部培训班开班式上的重要讲话

做党的光荣传统和
优良作风的忠实传人

党的十八大以来,党内批评和自我批评得到普遍开展,取得积极成效。但也要看到,一些党员、干部在这个问题上仍然存在认识和实践误区。一是不敢开展批评和自我批评。批评上级怕被穿小鞋,批评同级怕伤和气,批评下级怕丢选票,自我批评怕失面子。二是不会开展批评和自我批评。浅层批评多、深入批评少,枝节问题批评多、原则问题批评少,以至于批评和自我批评庸俗化、平淡化、随意化,让这一锐利武器流于形式。

"初心易得,始终难守。" 2020年1月8日,习近平总书记在"不忘初心、牢记使命"主题教育总结大会上强调:"全党同志必须始终保持崇高的革命理想和旺盛的革命斗志,用好批评和自我批评这个锐利武器,驰而不息抓好正风肃纪反腐,不断增强党自我净化、自我完善、自我革新、自我提高的能力,坚决同一切可能动摇党的根基、阻碍党的事业的现象作斗争,荡涤一切附着在党肌体上的肮脏东西,把我们党建设得更加坚强有力。"

一、"房子是应该经常打扫的,不打扫就会积满了灰尘"

批评与自我批评是中国共产党的三大作风之一。批评是指对别人的缺点或错误提出意见,自我批评是指政党或个人对自己的缺点或错误进行的自我揭露和剖析。党内批评是解决党内矛盾,坚持真理,修正错误的基本方法,是在马克思主义原则基础上巩固和加强党的团结,加强党内监督,保持党的肌体健康,使党充满生机和活力的有力武器。

就特定的批评对象而言,对被批评者的批评与被批评者的自我批评,两者是相互联系和转化的。在正常情况下,他人的批评会引起、促使自我反思即自我批评,通过实践的改进而导致问题的解决或状况的改善。另外,每个人都具有二重性,既是批评者,又是被批评者。作为批评者与自我批评者的角色不仅相互关联,而且在特定条件下会发生转换。事实上,批评与自我批评在社会生活中始终存在。参与社会生活,就意味着参与批评与自我批评。

批评与自我批评是一个马克思主义的方法。马克思说:"无产阶级革命,例如19世纪的革命,则经常自己批判自己,往往在前进中停下脚步,返回到仿佛已经完成的事情上去,以便重新开始把这些事情再做一遍;它十分无情地嘲笑自己的初次行动的不彻底性、弱点和拙劣。"(《马克思恩格斯文集》第2卷,人民出版社2009年版,474页)历史的经验告诉我们,只有永不骄傲自满、勇于自我批评的阶级和政党,才能永远得到人民拥护,立于不败之地。

中国共产党批评与自我批评的优良传统,是在马克思主义科学原则指导下,在党内批评实践中逐步形成的。长期以来,中国共产党始终倡导通过开展批评与自我批评坚持真理、修正错误,极大地提高了党的创造力、凝聚力、战斗力,推动了革命、建设、改革事业的发展。

早在1937年8月,毛泽东在《矛盾论》中就指出,"共产党的矛盾,用批评和自我批评的方法去解决""如果党内没有矛盾和解决矛盾的思想斗争,党的生命也就停止了"(《毛泽东选集》第1卷,人民出版社1991年版,311、306页)。

1942年,中国共产党在延安开展了第一次大规模的整风运动,史称延安整风。这次延安整风,毛泽东特别倡导批评与自我批评的方法,并把解决人民内部矛盾的这种民主的方法具体化为一个公式,叫作"团结—批评—团结"。"讲详细一点,就是从团结的愿望出发,经过批评或者斗争使矛盾得到解决,从而在新的基础上达到新的团结。按照我们的经验,这是解决人民内部矛盾的一个正确的方法。"(《毛泽东文集》第7卷,人民出版社1999年版,210页)"团结—批评—团结"这个公式中的"批评",也包括了自我批评在内。因而这个公式实际上是"团结—批评与

做党的光荣传统和
优良作风的忠实传人

自我批评—团结"。就是说，从团结的愿望出发，经过批评与自我批评，达到进一步团结的目的。

1942年2月1日，毛泽东在《整顿党的作风》一文中指出："我们反对主观主义、宗派主义、党八股，有两条宗旨是必须注意的：第一是'惩前毖后'，第二是'治病救人'。对以前的错误一定要揭发，不讲情面，要以科学的态度来分析批判过去的坏东西，以便使后来的工作慎重些，做得好些。这就是'惩前毖后'的意思。但是我们揭发错误、批判缺点的目的，好像医生治病一样，完全是为了救人，而不是为了把人整死。一个人发了阑尾炎，医生把阑尾割了，这个人就救出来了。任何犯错误的人，只要他不讳疾忌医，不固执错误，以至于达到不可救药的地步，而是老老实实，真正愿意医治，愿意改正，我们就要欢迎他，把他的毛病治好，使他变为一个好同志。这个工作决不是痛快一时，乱打一顿，所能奏效的。对待思想上的毛病和政治上的毛病，决不能采用鲁莽的态度，必须采用'治病救人'的态度，才是正确有效的方法。"1942年3月31日，毛泽东《在〈解放日报〉改版座谈会上的讲话》中指出："批评应该是严正的、尖锐的，但又应该是诚恳的、坦白的、与人为善的。只有这种批评态度，才对团结有利。冷嘲暗箭，则是一种销蚀剂，是对团结不利的。"正是在这些正确思想的指导下，延安整风成为中国共产党开展批评与自我批评的一次成功范例。

1945年4月24日，毛泽东在党的七大上作了《论联合政府》的报告，明确指出，以马克思列宁主义的理论思想武装起来的中国共产党，在中国人民中产生了新的工作作风，这主要的就是理论和实践相结合的作风，和人民群众紧密地联系在一起的作风以及批评与自我批评的作风。

在这个报告中，毛泽东形象地比喻道："我们曾经说过，房子是应该经常打扫的，不打扫就会积满了灰尘；脸是应该经常洗的，不洗也就会灰尘满面。我们同志的思想，我们党的工作，也会沾染灰尘的，也应该打扫和洗涤。"毛泽东的这段话说明，要做好工作、推动事业发展，就要不断解决各种问题，而"洗脸"正是解决问题、改进工作的有效方法。

"打扫房子"和"洗脸"是开展批评与自我批评的形象说法，毛泽东在这个报告中还说："'流水不腐，户枢不蠹'，是说它们在不停的运动中抵抗了微生物或其他生物的侵蚀。对于我们，经常地检讨工作，在检讨中推广民主作风，不惧怕批评和自我批评，实行'知无不言，言无不尽'，'言者无罪，闻者足戒'，'有则改之，无则加勉'这些中国人民的有益的格言，正是抵抗各种政治灰尘和政治微生物侵蚀我们同志的思想和我们党的肌体的唯一有效的方法。"

党的七大审议通过的《中国共产党章程》还明确提出，中国共产党应该用批评和自我批评的方法，经常检讨自己工作中的错误与缺点，来教育自己的党员和干部，并及时纠正自己的错误。这是党第一次将"批评和自我批评"写入自己的章程，成为全党共同遵守的准则之一。

关于批评与自我批评的重要性、必要性。毛泽东曾经在《反对自由主义》中指出："我们主张积极的思想斗争，因为它是达到党内和革命团体内的团结使之利于战斗的武器。每个共产党员和革命分子，应该拿起这个武器。但是自由主义取消思想斗争，主张无原则的和平，结果是腐朽庸俗的作风发生，使党和革命团体的某些组织和某些个人在政治上腐化起来。"

毛泽东虽然在西柏坡仅工作了不到 10 个月，但他关于批评和自我批评的方面留下了一句名言，从而使中国共产党坚持批评与自我批评充满了信心，使中国共产党把批评和自我批评视为党的事业成功、政党发达的马克思主义武器。这就是他 1949 年 3 月 5 日在《在中国共产党第七届中央委员会第二次全体会议上的报告》中指出的："我们有批评和自我批评这个马克思列宁主义的武器，我们能够去掉不良作风，保持优良作风。"

做党的光荣传统和
优良作风的忠实传人

新中国成立初期,在中国共产党领导全党、全国人民进行社会主义革命和社会主义建设的实践过程中,党除不断健全党内民主生活外,两次开展整党、整风运动,组织全党运用批评与自我批评这个武器洗刷沾附于党肌体上的灰尘,保持了党的先进性和纯洁性,进一步密切巩固了党和人民群众的联系。

1956年9月16日,在中国共产党的八大会议上,邓小平作《关于修改党章的报告》提出,各地区各部门党的组织,必须运用过去整党工作的经验,采取群众性的批评和自我批评的方法,每隔一定时期,对全体党员进行一次工作作风的整顿,特别着重检查群众路线的执行情况。不久后通过的《中国共产党章程》在总纲中明确规定,中国共产党和它的党员必须经常用批评和自我批评的方法揭露和消除自己的缺点和错误,以教育自己和人民。党章在规定党员义务时明确指出,实行批评和自我批评,揭露工作中的缺点和错误,并且努力加以克服和纠正。

1956年11月,毛泽东在党的八届二中全会上指出:"以后凡是人民内部的事情,党内的事情,都要用整风的方法,用批评和自我批评的方法来解决,而不是用武力来解决"。他在1957年2月所作的《关于正确处理人民内部矛盾的问题》的演讲中将这一思想系统化。

1962年1月,毛泽东在《扩大的中央工作会议上的讲话》中强调:"批评和自我批评是一种方法,是解决人民内部矛盾的方法,而且是唯一的方法。"在讲话中,毛泽东依然强调批评与自我批评是解决党内矛盾和人民内部矛盾的唯一方法,并主张实行民主集中制是开展批评与自我批评的基础。

改革开放以来,中国共产党对批评和自我批评的认识进一步深化,而且党章对批评和自我批评的相关规定日臻完善。

1982年,党的十二大通过的中国共产党章程,继承和发展了八大党章的相关论述。党章在总纲中明确,党在自己的政治生活中正确地开展批评和自我批评，在原则问题上进行思想斗争，坚持真理，修正错误。党章在规定党员义务时指出，切实开展批评和自我批评，勇于揭露和纠正工作中的缺点、错误，支持好人好事，反对坏人坏事。党章在规定基层组织基本任务时明确要求，开展批评和自我批评，揭露、改正工作中的缺点和错误。

1983年10月12日，中国共产党的十二届二中全会通过《中共中央关于整党的决定》，邓小平在会上作《党在组织战线和思想战线上的迫切任务》的讲话，指出要通过整党，使党内的批评和自我批评能经常开展。党内不论什么人，不论职务高低，都要能接受批评和进行自我批评。要通过整党，加强党的建设，实现党风的根本好转。每个党员、每个党员干部、每个党组织，都要对照党章进行检查，根据各自的具体情况，作出达到和坚持党章规定的合格标准的努力计划，并保证其实现。各级领导干部，特别是高级干部，更应该严格遵守党章、遵守《关于党内政治生活的若干准则》，起模范作用。

1992年，中国共产党的十四大通过的党章在规定党员义务时对批评和自我批评的要求作了调整，增加了"坚决同消极腐败现象作斗争"这句话。在规定基层组织基本任务时，保留了开展批评和自我批评的要求，删除了与党员义务中已经有明确规定的"揭露、改正工作中的缺点和错误"的要求。至此，党章关于批评和自我批评的完整论述开始固定下来，至今已有20多年，党的十五大到十八大一直保持了十四大党章的规定。

1999年6月28日，江泽民在纪念中国共产党成立七十八周年座谈会上指出，解决党内矛盾，要坚持运用批评与自我批评的武器，这是我们党的一个优良传统和优良作风，也是在新的历史条件下增强党的团结，健全党内生活，帮助同志进步所必需的。对错误的东西听之任之，不进行必要的思想斗争，讲私情而不讲党性，讲关系而不讲原则，回避矛盾，一团和气，是非不分，危害极大。

做党的光荣传统和
优良作风的忠实传人

2001年9月26日,中国共产党第十五届中央委员会第六次全体会议通过《中共中央关于加强和改进党的作风建设的决定》明确指出,批评与自我批评,是我们党抵御各种政治灰尘和腐朽思想侵蚀、纠正自身错误、解决党内矛盾、维护党的纪律的有效方法,也是我们党光明磊落、富有生命力的重要体现。

2004年1月12日,胡锦涛在中央纪律检查委员会第三次全体会议上发表重要讲话时指出,要在党内大力开展批评与自我批评,开展积极的思想斗争,进一步健全党内生活制度,经常听取群众的意见。

党的十八大以来,新一届中央领导集体更是明确把"照镜子、正衣冠、洗洗澡、治治病"作为开展群众路线教育实践活动的总要求,把贯彻执行民主集中制、用好批评和自我批评武器、严格党内生活和坚持党性原则基础上的团结,作为增强党的创造力凝聚力战斗力,保证党的团结统一的重要法宝,率先贯彻并用到各自的联系点,党内新风扑面而来,顽瘴痼疾闻风而退。

二、共产党是不怕批评的

共产党是不怕批评的,因为我们是马克思主义者,真理是在我们方面,工农基本群众是在我们方面。彻底的唯物主义者是无所畏惧的,我们希望一切同我们共同奋斗的人能够勇敢地负起责任,克服困难,不要怕挫折,不要怕有人议论讥笑,也不要怕向我们共产党人提批评建议。

1957年3月12日,毛泽东在中国共产党全国宣传工作会议上作了以上精彩的发言。同时,他还特别强调,"舍得一身剐,敢把皇帝拉下马",我们在为社会主义共产主义而斗争的时候,必须有这种大无畏的精神。

第四章　批评与自我批评是中国共产党强身健体的良药

说到批评与自我批评，毛泽东不但是这方面的倡导者，而且在他参加革命的半个多世纪中，还与其他领导人留下了许多带头开展批评与自我批评、正确对待群众批评的感人往事，为全党作出了很好的表率。

早在转变为马克思主义者的过程中，毛泽东就注意运用批评和自我批评的武器。1921年1月28日，毛泽东复信湖南学生联合会会长彭璜，就各自在处理人际关系方面的不足做了深刻、尖锐的批评和自我批评。就自我批评来说，毛泽东剖析说："弟两年半以来，几尽将修养功夫破坏：论理执极端，论人喜苛评，而深刻的自省功夫全废。"就批评来说，更是列出了彭璜身上存在的十大缺点。主要包括言语不够爽快，态度不够明决，谦恭过多而真面过少；感情及意气用事而理智缺失；时起猜疑，又不愿明释；少自省，明于责人而暗于责己。

可以看出，毛泽东对彭璜的批评直接、不留情面。最后，毛泽东将批评与自我批评这一修身养性功夫提升到拯救世界的高度，认为："吾人有心救世，而于自己修治未到，根本未立，枝叶安茂？"

中国共产党成立后，毛泽东非常重视运用批评与自我批评的武器批评党内的错误倾向。1927年8月7日，中共中央在汉口召开紧急会议，毛泽东在会上提出"枪杆子里面出政权"的重要思想。在这次史称"八七会议"的会议上，毛泽东对以陈独秀为首的中共中央主要领导不重视武装斗争提出了中肯的批评，指出孙中山手下的蒋介石、唐生智等人都是专门从事武装斗争的军人，而我们只重视民众运动，不重视武装斗争，势必逃脱不了失败的命运。

在中国共产党和军队初创时期，在建设一个什么样的党和红军、怎样建设党和红军这一根本问题上，在红四军党内存在分歧。中央"九月来信"后，朱德和陈毅以中国革命事业和红军建设发展大局为重，各自作了深刻的自我批评，毛泽东对红军党内错误思想进行了深刻批评，形成了古田会议决议。

做党的光荣传统和
优良作风的忠实传人

何谓"九月来信"？就是指 1929 年 9 月 28 日中共中央发出由陈毅起草、周恩来审定的致红四军前委的指示信。该信肯定了毛泽东"工农武装割据"的思想，确认中国革命是先有农村红军，后有城市政权；红军的基本任务是实行土地革命，开展游击战争；明确规定红军由前委指挥，并将党代表改为政治委员，其职责是监督军队行政事务、巩固政治领导、部署命令等；要求红四军官兵维护朱德、毛泽东领导，明确毛泽东仍为前委书记。

古田会议解决了如何把一支以农民为主要成分的革命军队建设成为无产阶级领导下的新型人民军队这个根本性问题，确定了着重从思想上建党和从政治上建军的原则。古田会议所形成的决议提出，要厉行集中指导下的民主生活，特别强调要认真开展批评和自我批评。

1940 年下半年，彭德怀指挥"百团大战"给日伪军以沉重打击，鼓舞了中国军民抗战的斗志。在延安的一次会议上，有些人批评彭德怀是"入股革命"、有野心、背着党中央擅自发动"百团大战"导致过早暴露实力，彭德怀很恼火。会后，他找到毛泽东和周恩来，想交换一下意见。在毛泽东居住的窑洞里，三个人坐到一起，毛泽东首先真诚地对彭德怀说："我先给你作检讨。造成这样子的后果，责任全在我，事先没得向你通气，事后又没得向你作解释，这也是老同乡我的不对。……'百团大战'是无可非议的。"接着他耐心讲了有人不满的原因，指出了自己和彭德怀各自存在的错误之处。

彭德怀听了这番话，气消了。他说："同志间的了解、信任胜过最高奖赏，有主席今晚这席话，就是现在叫我去死，也是死而无憾了。"毛泽东让彭德怀多给自己提意见，彭德怀说："那好，言不透，意不明，话不说完，心不静。……对你，我只有一条意见，会前应该给我老彭打个招呼，叫我也有点思想准备。"

最后，彭德怀郑重其事地说："你毛泽东，我彭德怀，他周恩来，

第四章 批评与自我批评是中国共产党强身健体的良药

我们在党内都要自觉地接受党的监督和约束,办任何事都要从党和人民的利益出发,我们谁也不能头脑发热、独断专行、随心所欲。否则的话,势必给党和人民造成无可挽回的损失。如果发生了这种反常的事,那么对我们来说,就是欠了党和人民的债,是有罪的啊!"

毛泽东十分认同彭德怀的话,也非常感动,他握住彭德怀的手说:"你讲得太好了,我建议将你的这个观点,写到我们的党章里去。"

1942年开始的延安整风中,毛泽东多次做了严肃的自我批评,给党的高级干部做出了表率。1943年,延安开始了审查干部运动。康生作为当时具体负责审干工作的社会部负责人,大搞逼、供、信和"车轮战",过分夸大了特务、反革命分子在革命队伍中的比例,制造了许多冤假错案。

毛泽东及时发现了运动中出现的偏差和问题,强调不能搞"逼、供、信",并制定了审干工作的"九条方针"和"一个不杀,大部不抓"的政策,对被"抢救"的干部进行甄别,对被整错的同志给予平反、恢复名誉,还亲自出面向被整错的同志赔礼道歉。

对审干工作中扩大的错误,毛泽东主动承担了责任,多次进行自我批评。例如,有一次在中央党校礼堂开会时,毛泽东说:"整个延安犯了许多错误。谁负责?我负责。我是负责人嘛!""这次大家都洗了澡,就是水热了一点儿。不少同志被搞错了。凡是被搞错了的要一律纠正,坚决平反!""有的同志被错戴了帽子,这也没得要紧。帽子戴错了,现在我把它给你们摘下来就是了。""我们共产党人是革命者,但不是神仙。我们也吃五谷杂粮,也会犯错误。我们的高明之处就在于犯了错误就检讨,就立即改正。今天,我就是特意来向大家检讨错误的,向大家赔个不是,向大家赔个礼。"

不少受过冤屈的人最初的怨气很大,但是毛泽东这样主动承担错误,并多次诚恳的赔礼道歉,不仅怨气消了,还很感动。对过去的事释怀了,

心情重新舒畅了，而且还增加了同志之间的感情，增进了团结。

1944年9月8日，毛泽东在为中央警卫团战士张思德烈士举行追悼会上的讲话中，特别讲了一段与批评有关的话："因为我们是为人民服务的，所以，我们如果有缺点，就不怕别人批评指出。不管是什么人，谁向我们指出都行。只要你说得对，我们就改正。你说的办法对人民有好处，我们就照你的办。'精兵简政'这一条意见，就是党外人士李鼎铭先生提出来的；他提得好，对人民有好处，我们就采用了。只要我们为人民的利益坚持好的，为人民的利益改正错的，我们这个队伍就一定会兴旺起来。"

新中国成立后，中国共产党领导人民成功地进行了社会主义革命和建设，但由于缺乏经验，也犯了三年"大跃进"造成严重经济困难等错误。

毛泽东的表兄贺晓秋的儿子贺凤生，是农村生产队队长。1960年冬天，他到中南海找毛泽东反映情况，贺凤生见了毛泽东说："主席，我想请你到我们那里去吃几餐钵子饭，吃食堂饿死人啦！食堂不散我不回去了。"毛泽东说："好一个开头炮。讲下去，讲下去，我说过不管什么意见都可以提，骂娘也可以，讲给我听。"贺凤生把干部强迫老百姓搬进居民点，把土砖墙拆了熬肥料；一个生产大队只开一个食堂，餐餐吃萝卜红薯，男人水肿走不动路，女人不生崽；干部搞浮夸，天天放卫星，还可以升官；干部当老爷，吃好的用好的，老百姓饿得要死，只能在背后冲天骂娘等，一五一十地都"端"了出来。

过了几天，毛泽东再次接见了贺凤生，告诉他所反映的情况，已经和中央领导通了气、交换了看法，党中央、国务院进行研究，认为食堂要拆散，生产要恢复，浮夸要制止。

对"大跃进"政策上出现的失误，毛泽东多次作自我批评，带头承担责任，带领全国人民纠正错误，克服了三年困难。其中，对于急于求成的指导思想，毛泽东深刻地反思说："社会主义建设不能急，要搞它半个世纪，要搞几年慢腾腾，不要务虚名，而遭灾祸。"

1962年1月30日，毛泽东在"七千人大会"上，又一次开诚布公地作了自我批评。他说："去年6月12号，在中央北京工作会议的最后一天，我讲了自己的缺点和错误。我说，请同志们传达到各省、各地方去。事后知道，许多地方没有传达。似乎我的错误就可以隐瞒，而且应该隐瞒。同志们，不能隐瞒。凡是中央犯的错误，直接地归我负责，间接的我也有份，因为我是中央主席。我不是要别人推卸责任，其他一些同志也有责任，但是第一个负责的应当是我。"

毛泽东作为中国共产党的领袖，坚持和勇于自我批评，特别是在大庭广众面前，这种为人民利益而负责的态度，感人至深，令人为之动容。

在批评与自我批评方面，中国共产党的其他领导人也作出了表率。

抗战胜利后，黄克诚率三师进军东北，途经山东临沂与陈毅相见。陈毅在送行时，当着政委罗荣桓的面再次诚恳地对黄克诚说："过去我也有批评错的地方，请你多加原谅。例如曹甸战役，我和少奇没有认真听取你的意见，坚持要打，结果没有打下，我军伤亡很大，最后批评你三师配合不力。撤了你的职，其实责任在我。"陈毅还说：当时"不看你的功劳，指责你态度不好，指责你把问题直捅延安……是我有错，向你道个歉"。没想到分手在即，陈毅竟然说出道歉的话，而且还是为了多年前的曹甸战役。这让黄克诚十分惊讶和感动。

而对曹甸战役，刘少奇后来也有过客观的反思和自我批评。虽然迟至4年，但还是让黄克诚感到无比欣慰和释怀。刘少奇这种敢于否定自我的勇气和胸襟也让黄克诚非常敬佩。

在这方面，周恩来也很值得称道。1961年，周恩来为响应毛泽东号召，积极奔赴河北省邯郸进行深入调查研究。在伯延公社，周恩来同一个叫张二廷的社员拉家常。张二廷见国家领导人一点都不端架子，平易近人地问长问短，就直率地说出了自己的心里话："这两年生活一年不

做党的光荣传统和
优良作风的忠实传人

如一年。"又说:"如果再这样下去两年,连你也会没有吃的。"周恩来后来提道:"这句话对我教育很大,我很受感动。这是我在调查中所听到的最生动的一句话。"

1972年尼克松访华时,中方安排尼克松夫妇登长城。这一天,天气格外寒冷,却有很多身着彩衣的小朋友三三两两或打羽毛球,或跳绳,或听收音机,尼克松随行记者对此做了报道,称中国人"演了一场戏来给我们看"。

周恩来知道后,向尼克松坦诚表示:"我们有些做法比较虚假,是形式主义。"

对于周恩来的自我批评,尼克松印象深刻,多年后他在回忆录中这样评说:"周恩来的精细的自我批评",是他"成熟的自信心的明证"。尼克松认为,表面上的大吹大擂只是为了掩盖内心的自卑心理,而真正自信的人敢于直面自己的缺点,周恩来做自我批评正是他个人魅力的体现。

尼克松回忆说,与他交往的中国领导人"愿作批判性的自我反省,对自己的缺点并不讳言"。在一次会谈时,周恩来看到双方代表团成员的平均年龄相差很大,就坦诚表示:我方领导人中间上年纪的太多,在这一点上我们应该向你们学习。周恩来这种不断表明自己需要了解和克服不足之处的坦诚着实令尼克松感慨。

在中国共产党的作风建设方面,邓小平全面肯定毛泽东所倡导的"三大作风"以及其他各种优良作风。1977年8月18日,在中国共产党第十一次全国代表大会的闭幕词中,他提出五个"一定要":我们一定要恢复和发扬毛主席为我们党树立的"群众路线的优良传统和作风""实事求是的优良传统和作风""批评和自我批评的优良传统和作风""谦虚谨慎、戒骄戒躁、艰苦奋斗的优良传统和作风""民主集中制的优良传统和作风"。

邓小平不但是这样倡导的,而且也是带头这样做的。在拨乱反正过程中,邓小平是开展批评和自我批评的模范。第一,他坚决主张要深刻批评毛泽东晚年的错误,是什么错误就要批评什么错误。第二,他同时认为批评应该是出于公心的,实事求是的,带着历史分析的,"对建国三十多年来历史上的大事,哪些是正确的,哪些是错误的,要进行实事求是的分析","对于错误,包括毛泽东同志的错误,一定要毫不含糊地进行批评,但是一定要实事求是,分析各种不同的情况"。第三,新中国成立以后党的错误,其中"有些问题我们确实也没有反对过,因此也应该承担一些责任"。

由此可见,中国共产党从来不惧怕批评和自我批评,敢于公开承认、修正自己的缺点和错误,也能够依靠自身力量解决存在的不足。

2013年2月6日下午,习近平总书记在中南海举行的党外人士迎新春座谈会上说:"对中国共产党而言,要容得下尖锐批评,做到有则改之、无则加勉;对党外人士而言,要敢于讲真话,敢于讲逆耳之言,真实反映群众心声,做到知无不言、言无不尽。"习近平一席话,体现了中国共产党善纳群言、广聚群智、闻过则喜、求同存异的胸怀,体现了中国共产党光明磊落的底气。

2013年6月22日至25日,按照中央关于党的群众路线教育实践活动首先在中央政治局开展的精神,习近平强调,中央政治局内部,要倡导开展积极的善意的实事求是的批评和自我批评,大家坦诚相待、如切如磋、如琢如磨,总结经验教训,交流思想认识,达到帮助同志、增进团结、做好工作的目的。

从习近平在新一届中共中央政治局常委的记者见面会上庄严承诺"打铁还需自身硬",到倾听党外人士的意见,在这次政治局会议上带头开展批评与自我批评等,再次彰显了新一届中央领导集体深入推进党要管党、从严治党的坚定决心,体现了求真务实、实干兴邦的优良传统。

三、历史在批评与自我批评中拐弯

自中国共产党诞生以来，已经走过 100 年的风风雨雨，连续执政也已经长达 70 多年，其间经历了各种生死攸关的险阻，多次面临生死存亡的考验，但是最终能够由小变大、由弱到强，正是因为党能够始终因时而变，勇于自我纠正错误，从而在一次次纠错中吸取经验教训，茁壮成长，带领全中国人民取得新民主主义革命、社会主义革命的胜利以及进行改革开放的伟大革命。

中国共产党历次党内整风运动和思想教育活动之所以发生大效力的原因，就是因为展开了正确而非歪曲、认真而非敷衍的批评与自我批评。

纵观历史，无论是八七会议、遵义会议，还是延安整风运动以及十一届三中全会后的拨乱反正，都充分证明了批评与自我批评的极端重要性。

1927 年 8 月 7 日，中共中央在湖北省汉口秘密召开紧急会议——这就是在中国共产党历史上有着重大转折意义的八七会议。八七会议是在中国革命的危急关头召开的，这次会议总结了大革命失败的经验教训，坚决纠正和结束了陈独秀的右倾机会主义错误，撤销了他的总书记职务。

这次会议就国共两党关系、土地革命、武装斗争等问题进行了深入讨论，确定以土地革命和以武装反抗国民党反动派的屠杀政策为党在新时期的总方针，强调了武装斗争的重要性，抛弃了不切实际的幻想，并把领导农民进行秋收起义作为当前党的最主要任务。从而使全党没有在白色恐怖面前惊慌失措，指明了今后革命斗争的正确方向，为挽救党和革命作出了巨大贡献，中国革命从此开始由大革命失败到土地革命战争兴起的历史性转变。

1934 年 1 月中共六届五中全会以后，在中国共产党和根据地的各项

★ 第四章　批评与自我批评是中国共产党强身健体的良药 ★

工作中，王明"左"倾冒险主义得到变本加厉的推行。在这种错误领导下，第五次反"围剿"失败了，迫使红军放弃革命根据地，开始长征。长征初期，"左"倾教条主义者从进攻中的冒险主义变成退却中的逃跑主义，并且把战略转移变成搬家式的行动，使部队的行军速度非常缓慢，致使敌人有充分的时间调集兵力，对红军实行围追堵截，红军在突围过程中损失惨重。为了摆脱尾追和堵击的敌军，毛泽东建议中央红军放弃去湘西同红二、六军团会合的企图，改向敌军力量薄弱的贵州挺进。1935年1月7日，红军攻克黔北重镇遵义。

1935年1月15日至17日，在遵义市老城一幢坐北朝南、临街而立的两层楼房里，中共中央政治局在这里召开一次极其重要的扩大会议——遵义会议。这是在红军第五次反"围剿"失败和长征初期严重受挫的情况下，为了纠正王明"左"倾领导在军事指挥上的错误而召开的会议。

首先，由博古作关于第五次反"围剿"的总结报告，他在报告中极力为"左"倾冒险主义错误辩护。接着，周恩来作了副报告，主要分析了第五次反"围剿"和长征中战略战术及军事指挥上的错误，并作了自我批评，主动承担了责任。毛泽东在会上作了重要发言，着重批判了第五次反"围剿"和长征以来博古、李德在军事指挥上的错误，以及博古在总结报告中为第五次反"围剿"失败辩护的错误观点。张闻天、王稼祥、朱德、刘少奇等多数人在会上发言，支持毛泽东的正确意见。会议经过激烈的争论，在统一思想的基础上，委托张闻天起草了《中共中央关于反对敌人五次"围剿"的总结决议》，并由常委审查通过。决议肯定了毛泽东关于红军作战的基本原则，否定了博古关于第五次反"围剿"的总结报告，提出了中国共产党的中心任务是战胜川、滇、黔的敌军，在那里建立新的革命根据地。会议决定改组中央领导机构，增选毛泽东为政治局常委，取消博古、李德的最高军事指挥权，仍由中央军委主要

做党的光荣传统和
优良作风的忠实传人

负责人周恩来、朱德指挥军事。会后,常委进行分工:由张闻天代替博古负总责,毛泽东、周恩来负责军事。在行军途中,又成立了由毛泽东、周恩来、王稼祥组成的三人军事指挥小组,负责长征中的军事指挥工作。至此,遵义会议以后的中央组织整顿工作大体完成。

遵义会议之所以能够成功,一个重要的原因就是整个中央民主氛围较为正常和浓厚,这次会议树立批评与自我批评风范,体现出坚持真理、修正错误的勇气。这次会议果断地结束了"左"倾冒险主义在中央的统治地位,并确立了毛泽东在党中央和红军的核心领导地位,在极端危急的情况下挽救了中国共产党、中国红军和中国革命,成为党的历史上一个伟大的转折点。

遵义会议所蕴含的深刻意义,在于它是中国共产党第一次独立自主地运用马克思主义基本原理解决自己的路线、方针和政策的会议。这是毛泽东倡导的实事求是思想路线,即马克思主义普遍真理与中国实际相结合的思想原则的胜利,是中国共产党由幼年走向成熟的重要标志。

1941年5月19日,毛泽东在延安干部会上作报告,首先提出了反对主观主义的问题,并建议全党开展调查研究,转变党的作风,加强在职干部教育等具体建议。11月6日,毛泽东在陕甘宁边区参议会上发表演说提出了反对宗派主义的问题。1942年2月1日,毛泽东作《整顿党的作风》的报告,提出"反对主观主义以整顿学风,反对宗派主义以整顿党风,反对党八股以整顿文风"的任务,引出了整风运动的主题,标志着学习运动向整风运动转变。

1942年3月31日,毛泽东参加《解放日报》改版座谈会时说:"我们提出了整顿三风。但要达此目的,非有集体的行动,整齐的步调,不能成功。"整顿三风先是在延安的范围,从4月到6月短短3个月内,延安参加的人数达10098人。6月8日,中央发出指示,将整风运动从延安推向全党。1943年4月3日,中共中央发出《关于继续开展整风运动的决定》，规定再用一年的时间在全党开展整风运动，并要求各地"灵活地运用延安经验，着重于自己创造经验"。

延安整风是中国共产党在重要历史转折关头进行的一次普遍的马克思主义教育运动。这次整风坚持党的实事求是的思想路线和"惩前毖后，治病救人"的宗旨，从改造全党学习着眼，结合实际，学习马列主义，运用批评与自我批评的方法，总结经验教训，纠正各种错误思想和作风。

延安整风的深刻性，并不仅在于全党范围的广泛性，更在于党的建设思想方法的科学性。延安整风的成效体现在党的作风建设上，最显著的标志是三大优良作风的提炼。当时，整顿学风主要是反对主观主义、整顿党风主要是反对宗派主义、整顿文风主要是反对党八股，虽然指向不同，但都关系党的作风建设。整顿三风的目的就是要以科学精神为指导，体现了共产党先进性的本质。

通过延安整风，彻底清算王明"左"倾错误在党内的影响，把党内思想从教条主义的束缚中解放出来，提出了马克思主义中国化的崭新命题。如果没有这种思想解放，毛泽东思想就不可能成为党的指导思想。同时，延安整风使全党在思想上、政治上、组织上和行动上达到了空前的团结和统一，为夺取抗战胜利和民主革命的胜利，奠定了重要的思想政治基础。

延安整风历时三年，对后来的历史发展尤其是马克思主义中国化的进程产生了积极深远的影响，实现了马克思主义中国化认识上毛泽东个人意识与全党意识相统一，实现了毛泽东全党领袖地位与毛泽东思想指导地位相统一。这是马克思主义中国化的一个重大理论创新，至今仍有伟大的现实意义。

新中国成立后，批评与自我批评在历史关键时期，都发挥过极其重要的作用。

在1957年以后的一段时间，中国共产党犯了反右扩大化的错误，在经济工作的指导上犯了瞎指挥、浮夸风和"共产风"的错误。由于这

做党的光荣传统和
优良作风的忠实传人

些"左"的错误,再加上其他客观原因,使中国国民经济在20世纪50年代末和60年代初遭受了严重的挫折,人民生活受到了极大的影响。

1962年召开的"七千人大会",就是为了总结经验教训、反思党内民主生活遭到破坏的原因,探索推进党内政治生活民主化建设。在这次会议上,毛泽东着重讲了认真实行民主集中制问题,并做了自我批评。刘少奇和邓小平还提出了建立民主生活会的主张,得到毛泽东的赞同。邓小平提出,为实现党内民主生活的正常化,对各级领导人(包括党委会的所有成员)应该有监督。"根据党章规定,人人要过支部生活。我想,我们是不是可以这样,就是把领导人的主要的小组生活,放到党委会去,或者放到书记处去,或者放到常委会去。在党委会里面,应该有那么一段时间交交心,真正造成一个好的批评和自我批评的空气。同等水平、共同工作的同志在一起交心,这个监督作用可能更好一些。"

但遗憾的是,这次大会之后,民主生活会制度并没有在党内特别是党的高层政治生活中得到真正落实和执行。不久爆发了"文化大革命",党内民主生活和民主集中制遭到空前严重的破坏。

1977年7月,邓小平在中共十届三中全会上强调:"要搞好我们的党风、军风、民风,关键是要搞好党风。""把毛泽东同志的建党学说和党的一整套作风恢复起来,发扬起来,那末,毛泽东同志所说的那样一种政治局面,就一定会达到。有了那样一种政治局面,我们什么风险也能够经受得住。"

1977年8月18日,在中国共产党第十一次全国代表大会的闭幕词中,邓小平提出五个"一定要"。

1978年5月提出"实践是检验真理的唯一标准",更是引发一场大讨论,冲破了"两个凡是"的严重束缚,推动了全国性的马克思主义思想解放运动,为党的十一届三中全会的召开做了重要的思想准备。

1978年12月18日至22日召开的党的十一届三中全会,是新中国成立以来党的历史上具有深远意义的伟大转折，开启了中国改革开放的序幕，会上出现了多年没有过的批评与自我批评的良好局面，大家畅所欲言，对犯错误的人提出很多批评意见，犯了错误的人也不同程度地作了自我批评。这次会议坚决批判了"两个凡是"的错误方针，高度评价了关于真理标准问题的讨论，重新确定了马克思主义的正确路线，为真理标准大讨论作了总结。

在十一届三中全会前，还召开了历时36天的中央工作会议，许多老一辈革命家和领导骨干，对"文化大革命"结束后两年来党的领导工作中出现的失误提出了中肯的批评，对党的工作重点转移到经济、政治方面的重大决策，党的优良传统的恢复和发扬等，提出了积极的建议。邓小平在1978年12月13日的会议闭幕式上作了题为《解放思想，实事求是，团结一致向前看》的重要讲话。

在党的十一届三中全会精神带动和号召下，1980年2月29日中国共产党十一届五中全会通过《关于党内政治生活的若干准则》，概括了历史上处理党内关系和整顿党风的经验，成为了在全党纠正不正之风和不良倾向的党规党法，也成为了党内正确开展批评与自我批评的重要依据。1981年8月，中央组织部下发《关于进一步健全县以上领导干部生活会的通知》，这是中国共产党第一次以党内文件的形式，将民主生活会的制度纳入领导干部的政治生活和组织生活。经过不断丰富和完善，2003年12月中央颁布了《党内监督条例（试行）》，就党内民主生活做了进一步规定。从此，民主生活会逐步走上制度化轨道。

由于中国共产党各级组织的民主生活得到恢复，批评与自我批评优良传统得到了恢复和发扬，党内出现了一个生动活泼的政治局面。这就为全面开创中国特色社会主义新局面提供了有力的保障。

回顾中国共产党100年的历史，可以看出，什么时候党内民主贯彻得好、民主生活会这个制度执行得好，党内就风清气正，党的创造力凝

聚力战斗力就能得到加强，党的事业就蓬勃发展。反之，什么时候党内民主遭到践踏、民主生活会缺位或者错位，党的缺点错误就难以得到纠正，党的事业就不免受损失、走弯路。

四、民主生活的历史传承

中国共产党的民主生活会制度，作为党的一项重要制度，是伴随着党内民主生活的扩大和党内民主观念的增强而逐步确立并完善起来的。

民主生活会是一个不断发现和解决问题的过程。什么时候、哪个地方哪个单位民主生活会制度执行得不好，党内生活就不正常，庸俗化、随意化、平淡化倾向就会蔓延，自由主义、好人主义之风就会盛行。反之，民主生活会制度坚持和执行得好时，党内生活就会正常，党性就会增强，党风就会好转。

中国共产党很早就把民主集中制确立为党的组织原则和制度。中共一大通过的第一个纲领尽管没有使用"民主集中制"这个概念，但由于中国共产党当时尚处在幼年时期，不仅在政治上、思想上还不够成熟，而且在组织上也不成熟，主要表现在党内缺乏正常的民主与集中，家长制和极端民主化风气盛行。

作为中国共产党早期的主要负责人，陈独秀的家长作风就比较严重。曾任中国共产党早期中组部部长的周恩来一针见血地指出："从前组织上有一种'家长制'的形式，党员群众对于党部，下级机关对于上级，只有机械的服从，而无活泼的党的生活。"有鉴于此，中国共产党在大革命失败后开始关注如何有效扩大党内民主生活的问题。1928年10月，中共六大也指出："整个党的组织带有家长制的习气。党内生活只有家长式的命令和机械式的服从，没有布尔什维克的批评精神和集体的讨论，也没有布尔什维克的教育和训练。"

与此同时，中国共产党"一方面家长制的习气尚未洗除，一方面极端民主化的现象又已发生，下级对上级不信任，甚至有以个人意气在下级鼓动反上级的现象"。1928年11月，周恩来在起草《告全体同志书》时也批评了这两种错误倾向，他指出："及到改造党的时候，许多地方走向极端民主化的方向"，"这种小资产阶级极端自由的思想，可以把党的组织打得粉碎，以至于消灭"。

而事实上，这些现象的存在，"破坏了党内民主集中制的基本原则，取消了党内批评和自我批评的民主精神，使党内纪律成为机械的纪律，发展了党内盲目服从、随声附和倾向，因而使党内新鲜活泼的、创造的马克思主义之发展，受到打击和阻挠"，从而使革命事业遭到惨痛损失。

1927年5月30日，汪精卫在武汉联系会上通过了一系列大举进攻共产党、镇压农民运动的训令。毛泽东、蔡和森在许多地方发动了反对汪精卫反革命活动的群众运动。但陈独秀6月30日在中央扩大会议上提出一个右倾错误政纲。在讨论时，任弼时提出批评该政纲的书面意见，当面交陈独秀，陈看后，不传阅，当众撕个粉碎，扔在地上，踏上一只脚。任弼时要求发言，遭到拒绝。其他人也不便发言，这个错误政纲就不明不白地算通过了。王明上台，也是在党内民主生活不健全的情况下发生的。正如民主革命时期的《关于若干历史问题的决议》中所指出的，王明是在选举手续不完备的情况下上台的。当时本来准备开紧急会议，米夫临时改为开四中全会。出席会议的中央委员、候补委员共22人，但包括王明在内的不是中央委员的代表就有15人，而他们都有发言权、表决权、选举权和被选举权，这样的选举方式破坏了党的组织原则。王明的"左"倾路线长达4年之久，几乎断送了中国革命。

大革命失败后，中国共产党开始关注并在实践中探索如何健全党内民主生活问题。1929年，中央在给鄂东北特委的指示信中，就如何"实行党内的民主与集中"作出批示，特别指出："我们党内过去缺乏民主

的精神,造成了许多组织上的缺点。所以现在各级党部在可能的范围内,都要尽量地扩大党内民主……各级委员会的工作,不应由书记或主席包办,应经过大多数委员的共同讨论。"同年,古田会议所形成的决议,不但明确肯定了民主集中制是中国共产党的组织原则,而且比较全面地阐明了民主集中制的基本内容,批评了在民主集中制问题上的各种错误倾向。古田会议决议提出"厉行集中指导下的民主生活",特别强调要充分发扬党内民主,用批评和自我批评的办法解决党内矛盾。

1935年遵义会议后,随着党的逐渐巩固和成熟,以毛泽东为代表的中国共产党人对民主集中制的认识不断趋于深化。

1937年5月8日,毛泽东在党的全国代表会议上谈到党内民主问题时指出:"要达到这种目的,党内的民主是必要的。要党有力量,依靠实行党的民主集中制去发动全党的积极性。"同月,刘少奇在白区党代表会议上也谈到这一问题:"我们不只是要在形式上执行一些民主手续,更要紧的是我们要提倡一种民主的工作精神。领导机关应当尊重每一个同志的意见和应有的权利。负责人员在党内没有特权,不应斤斤于自己个人的领导地位,不自高自大,应服从多数,服从纪律,接受下面的批评,倾听同志的报告,详细地向同志解释,用平等的兄弟的态度对待同志,把自己看作是一个普通的同志,大公无私地处理问题。这是民主的精神,我们每一个干部都应当具备这种精神。应当用这种精神来改造自己并教育同志。这正是党内所需要的民主。"

1938年10月,毛泽东在扩大的六届六中全会上专门对如何实现党内民主生活作了详尽而精辟的论述。他提出:"由于我们的国家是一个小生产的家长制占优势的国家,又在全国范围内至今还没有民主生活,这种情况反映到我们党内,就产生了民主生活不足的现象。这种现象,妨碍着全党积极性的充分发挥。同时,也就影响到统一战线中、民众运动中民主生活的不足。为此缘故,必须在党内施行有关民主生活的教育,使党懂得什么是民主生活，什么是民主制和集中制的关系，并如何实行民主集中制。这样才能做到：一方面，确实扩大党内的民主生活；又一方面，不至于走到极端民主化，走到破坏纪律的自由放任主义。"

随着中国共产党党内民主理论的不断深化，党内民主实践也在不断创新。1942年开始的延安整风运动，就积极倡导并践行"批评与自我批评"的党内民主生活方式。延安整风运动加强了党的思想建设和组织建设。

到1945年七大召开，中国共产党对民主集中制的认识又有了进一步的丰富和发展。刘少奇在《关于修改党章的报告》中，系统论述了民主集中制在党的组织、党的领导和政权建设中的重要地位，阐明了民主集中制的科学内涵，提出了民主集中制的具体要求和规范，特别强调必须坚持"在民主基础上的集中，在集中指导下的民主"，从而确立了正确处理个人与组织、少数与多数、下级与上级、全党与中央、中央与地方关系的一系列原则。

新中国成立后，共产党成为执政党。执政后党所掌握的"权力是相当集中相当大的，如果处理不好，就容易忽视民主"。周恩来强调"要经常注意扩大民主，这一点更带有本质的意义"。1956年9月，党的八大强调坚持和完善民主集中制，加强对党的组织和党员的监督，反对个人崇拜。

1962年召开的"七千人大会"，建议各级党委一个月或一个季度之内要有一次党内生活会，用一段时间交交心，进行批评和自我批评，发挥党委内部互相监督作用。这是党的历史上第一次正式提出领导干部要过双重组织生活，除参加党支部、党小组的组织生活会外，还要参加领导干部的民主生活会。

党的十一届三中全会后，中国共产党恢复和发扬实事求是、群众路线、批评和自我批评等优良作风，党的组织生活和民主生活走上正轨。

1980年2月，中国共产党的十一届五中全会通过《关于党内政治生

活的若干准则》，明确要求："各级党委或常委都应定期召开民主生活会，交流思想，开展批评和自我批评。"1981年8月，中组部下发《关于进一步健全县以上领导干部生活会的通知》，规定"县级以上党委常委除了必须编入一个组织参加组织生活外，同时要坚持每半年开一次党委常委（党组）生活会，并要及时地向上级党委或组织部门报告生活会情况，开一次报一次"，明确民主生活会"要以认真检查贯彻执行党的路线、方针、政策、决议和《准则》的情况为主要内容……认真开展批评与自我批评"。这是中国共产党第一次以党内文件的形式将民主生活会的时间、范围、内容、意义、目标等制度纳入领导干部的政治生活和组织生活，从此，民主生活会开始真正走向制度化。

根据1990年中央印发的《关于县以上党和国家机关党员领导干部民主生活的若干规定》的要求，"县以上党和国家机关党员领导干部的民主生活会，每半年召开一次，根据实际需要，也可以随时召开"。2000年，中央纪委、中组部又印发了《关于改进县以上党和国家机关党员领导干部民主生活会的若干意见》，决定将县以上党和国家机关党员领导干部民主生活会，由原来的一年召开两次改为一年召开一次。时间一般可安排在4月至8月之间。

2013年6月22日至25日，中共中央政治局召开专门会议，习近平总书记听取大家发言并进行交流。会议共安排6个半天时间，完成了3项议程：听取中央八项规定贯彻执行情况和对中央政治局加强作风建设征求意见情况的汇报，中央政治局的同志发言、对照检查自己落实中央八项规定的情况，讨论研究加强作风建设的措施和制度。这个画面经中央电视台《新闻联播》报道，在全国乃至全世界引起极大关注。

随后，习近平总书记用四个半天时间全程参加了河北省委常委班子专题民主生活会。在这次民主生活会上，批评言辞之公开、犀利和坦率，为近年罕见。平时一团和气的领导干部之间，甚至下级对上级进行互相

第四章 批评与自我批评是中国共产党强身健体的良药

批评，着实让人惊奇。经媒体详细、公开报道之后，顿时在全国引起热议。

正如习近平总书记所说，一位中央常委联系一个省参加民主生活会，这是第一次。在此前后，李克强到广西、张德江到江苏、俞正声到甘肃、刘云山到浙江、王岐山到黑龙江、张高丽到四川参加各省的民主生活会。常委垂范，时间保障，规模之大，前所未有。中央的重视由此可见。

民主生活会随之在全国迅速升温。中央督导组分别全程参与了各省民主生活会。一些省份的民主生活会甚至"从白天开到深夜"。

但也要看到，一些地方的民主生活会也出现了形式主义的苗头。一个突出的表现，是语言很麻辣、表情很丰富、场面很热烈，一些党组织中滋长了好人主义、息事宁人、姑息迁就等不正之风，导致批评走了样、变了味。相互批评时也总有那么几条，而关键问题则刻意回避。比如，湖北省鄂州市文体局那场17个小时的民主生活会。17个小时，从早八点到次日凌晨一点，这场民主生活会上究竟发生了什么？从媒体报道我们可以看到当时的一些场面——

2014年7月23日上午10：50，鄂州市文体局党组的专题民主生活会已进行了2小时20分钟，第三位发言的副局长金浩明自我批评结束后，参会的市委教育实践活动第十督导组常务副组长杜少卿突然宣布，会议暂停。

"刹那间脑子里一片空白，心'砰'地沉了下去。"饶浩洲立刻明白，这会开得不"达标"。

会议中途被叫停，虽然意外，倒也不是完全无迹可寻。

一个多小时前，就在其他班子成员对饶浩洲提批评意见时，督导组已经针对客套话多、以"希望""建议"代替批评等现象进行提醒。

"但在之后的时间里，这种状况仍然没有明显改观。不仅

相互批评没辣味儿,有的班子成员自我批评也拉不下面子,不敢触及深层次问题。"杜少卿说。

其实按照流程,会前,该局领导班子成员的对照检查、批评意见等材料都经过从督导组至市委教育实践活动办公室的层层审核把关,达标后才被准许开会。

"但在纸上好写,面对面就难开口;抽象的好批评,具体到事件上该负什么责任就不大方便说了。"杜少卿所在的第十组负责对该市12家单位的教育实践活动开展督导,他一针见血地指出了一些领导干部心中的"坎儿"。

鄂州市文体局参会者认真反省后,褪去敷衍应付的旧态,严肃地进行了批评和自我批评,继续召开的专题民主生活会进行了17个小时。

鄂州的这次民主生活会并非孤例。从目前看,党内政治生活不经常、不认真、不严肃的问题虽然得到很大程度改进,但在一定范围内依然比较普遍——一些地方和单位经常是上级对下级顺着、宠着,下级对上级捧着、迎着,同级对同级哄着、抬着,面对明摆着的不良现象也往往是忍着、让着。

近年来,"伪批评"在一些单位的民主生活会上并不鲜见。第一类:"正话反说"。比如有些人批评别人做事"急于求成",这个本来是贬义的成语,被反其义而用之,其潜台词是"想干事,积极干事,努力干事"。第二类:"声东击西"。比如有些人批评别人检查工作时只看新经济组织的发展,不看该领域党组织的覆盖。因为大家都知道很多新经济组织尚在发展、成型阶段,人员都不稳定,何来党组织发展?这种批评,貌似批评一个问题,实则表扬另一件事。第三类:"明修栈道暗度陈仓"。明里批评某件事,实际上反意表扬这件事。比如前些年民主生活会上流行的两句批评语就是:某某书记只顾工作,太不注意自己的身体了；某某市长过于严肃，平时接触青年女干部太少。第四类："避实就虚"——比如某官员自定一个并不存在的错误或靶子，然后狠命批评，其实，再怎么批评，这事都和他没关系，所有的批评都是轰轰烈烈走过场，认认真真做样子。

民主生活会变味，究其原因很多。有些人错误地认为，批评多了，不利于党的稳定和团结、不利于党的形象和大局、不利于统一思想统一意志，甚至会给某些别有用心的人提供攻击党的口实而不利于社会的稳定，因此他们就有意无意地限制、控制党内批评。在党的各种会议上，发言稿要严格审查、不能有批评领导的内容，小会讨论会上的批评意见不写入大会简报以控制知晓批评的范围，甚至如邓小平在党的十一届三中全会上尖锐指出的："一听到群众有一点议论，尤其是尖锐一点的议论，就要追查所谓'政治背景'、所谓'政治谣言'，就要立案，进行打击压制"。

民主生活会变味，是党内一些人私心作怪、私利作祟的表现。有些领导干部担心批评会揭露矛盾，影响自己的政绩，从而影响到上级对自己的评价；担心批评会影响自身形象，降低自己的威信，从而会冲击自己的权力、地位及种种既得利益。批评与自我批评之难，"怕"字当头是关键。

民主生活会变味，还因为有些人"打铁自身不硬"，屁股不干净，形象不端正，缺乏底气；有些人奉行你好我好大家好，推崇好人主义，讲究明哲保身，怕丢选票、怕伤和气、怕引火烧身；有些人甚至结成利益小圈子，投桃报李、江湖义气，大家相互罩着、护着，等等。

民主生活会变味，还由于保障党员权利的制度机制很不完善，因此党员开展党内批评往往很难。2011年，胡锦涛在庆祝中国共产党成立90周年大会上发表讲话强调要"保障党员主体地位和民主权利"，而党员在党内批评自由正是党员主体地位及民主权利的一个基本体现。但从

做党的光荣传统和
优良作风的忠实传人

现实来看,由于官本位、等级制、家长制、特权现象这类封建主义残余在党内生活中还有明显的影响并经常地表现出来,因此党员开展党内批评往往很难。

批评与自我批评,是解决党内矛盾、坚持真理、修正错误的基本方法,是在马克思主义原则基础上巩固和加强党的团结,加强党内监督,保持党的肌体健康,使党充满生机和活力的有力武器。

金无足赤,人无完人。党员干部在工作和生活中,存在这样那样的缺点和问题在所难免。有问题不可怕,可怕的是不敢正视问题、改正问题,不敢主动"红脸、出汗",不敢主动"洗澡、治病、排毒",听任小疾成重症。如果长期发展下去,批评和自我批评这个"利器"就有被丢掉的危险,"利器"变成"钝器",刀枪入库、锈迹斑斑,不良倾向就会在党内滋长蔓延。

从本质上讲,批评与自我批评是人的成长完善、事业不断进步的内在需求。一个人如果没有自觉地、不断地自我批评、自我反省,就容易误入歧途,难以提升自己、上新台阶;一个党组织如果没有认真的批评和自我批评,就不会有原则空气,就会在是非不分、一团和气中丧失战斗力。

"严是爱,松是害,不闻不问要变坏。"只有经常性地开展批评与自我批评,才可以使党内同志之间的矛盾和问题"发现在早、处置在小",这是同志之间的真心待人、真情对人、真诚为人。能不能坚持好、正确运用好批评与自我批评的武器,关系到党的团结统一和党的执政地位的进一步巩固。

实践证明,使批评与自我批评这一武器真正发挥作用,必须要使批评带点"苦味"、加点"辣味",真正做到真批实批,保持其应有的思想锋芒。

五、恢复批评与自我批评的"利器"本色

党的十八大以来,习近平总书记明确提出"要把批评和自我批评摆在重要位置",并强调要对作风之弊、行为之垢来一次"大排查、大检修、大扫除"。

2013年4月19日,中共中央政治局召开会议,决定从2013年下半年开始,用一年左右时间,在全党自上而下分批开展党的群众路线教育实践活动。这些活动强调要以解决"四风"突出问题为重点,贯彻"照镜子、正衣冠、洗洗澡、治治病"的总要求。"照镜子""正衣冠",一个极为重要的方面,就是要作好自我检查、自我反省和自我教育,"洗洗澡""治治病",则是要充分发挥组织、同志的批评教育和互帮互促作用,抓好自我批评和相互鉴戒。

中国共产党开展党的群众路线教育实践活动,有着深刻的背景。

当前,党风总体是好的,但也存在种种脱离群众的特权现象和不良风气。新形势下,中国共产党面临着执政考验、改革开放考验、市场经济考验、外部环境考验等"四大考验",存在着精神懈怠的危险、能力不足的危险、脱离群众的危险、消极腐败的危险等"四大危险",在这些严峻挑战面前,一些党员干部为私心所扰、为人情所困、为关系所累、为利益所惑,导致一些地方党内生活庸俗化、功利化,好人主义盛行,歪风邪气滋长。

特别是,有的领导机关、领导班子和一些领导干部形式主义、官僚主义、享乐主义突出,奢靡之风严重,主要表现在理想信念动摇,宗旨意识淡薄,精神懈怠;贪图名利,弄虚作假,不务实效;脱离群众,脱离实际,不负责任;铺张浪费,奢靡享乐,甚至以权谋私、腐化堕落。这些问题,严重损害党在人民群众中的形象,严重损害党群干群关系,必须认真加以解决。

做党的光荣传统和
优良作风的忠实传人

中国共产党的历史表明,党内生活松一寸,党员队伍就散一尺。只有通过批评与自我批评不断荡涤尘埃、杀灭病菌,着力解决好宗旨意识淡化、进取精神退化、工作推进虚化、履职能力弱化、生活追求奢化等突出问题,才能有效防范政治灰尘和政治微生物侵袭,促进党的组织健康发展和党员干部健康成长。

人与人的平等是权利与义务的平等。社会是一种公共存在,每个人都是社会公共生活的参与者。在一个正常的社会状态下,每个人都有批评别人的权利,同时也要准备听取别人的批评。面对别人的批评,人应该反省自己的问题与不足,进而都有自我批评的义务。作为社会主体的人负有社会的责任,应该负责任地批评别人,同时也负责任地接受别人的批评和进行自我批评。触及灵魂的批评与自我批评,是人与人的相互砥砺和人对自我的超越。

毋庸讳言,批评和自我批评这个"利器",当前在很多地方已经变成了"钝器",锈迹斑斑,对问题触及不到、触及不深,就像鸡毛掸子打屁股不痛不痒。"利器"变成了"钝器"是因为不经常使用,才导致"锈迹斑斑"。

一直以来,群众批评领导的权利,宣传上、文件中从来不曾被否定,相反,表面上这种权利一直受到尊重,批评领导的作为一直被提倡。但现实是,近年来一系列因言获罪案件、事件,深刻而持续地刺激着大众和媒体。比如彭水诗案、稷山文案、高唐网案、孟州书案、王帅贴案等以诽谤罪罪名追责的案件,都被当成了公诉案件。按《刑法》第246条的规定,"以暴力或者其他方法公然侮辱他人或者捏造事实诽谤他人,情节严重的……告诉的才处理,但是严重危害社会秩序和国家利益的除外"。对一地领导干部或某个企业组织进行"批评",就算"严重危害社会秩序和国家利益",这认定无法找到法律依据。

我们还必须承认,群众批评领导,不冒被抓危险的机会还是很多的,关键是批评指责的内容。"领导太不注意身体了""领导对我们的指导少了一点么"……对这类批评，绝大多数公仆还是宽宏大度的。这是他们认可、赞赏的"群众文明"和"批评文明"，而如今，官民之间，存在着"文明认同"鸿沟。群众的批评稍不文明，就有一些公仆暴跳如雷，警力也迅即出动。

从以往不少案例来看，一些领导干部因违纪违法受到处罚，几乎都谈到班子内部监督不够，说没人提醒我，如果当年有人咬咬耳朵，也不至于犯这么大的罪。这正所谓"千人之诺诺，不如一士之谔谔"。

"千人之诺诺，不如一士之谔谔"，见于《史记·商君列传》，是战国策士赵良对秦相商鞅的谏言。赵良要投入商鞅帐下，提出了一个前提条件："终日正言而无诛"，换句话说，就是整天说真话但不被打击报复。赵良还举了前代的两个典型例子，周武王身边不乏谔谔之士，最后能够成就大业；殷纣王周围都是趋炎附势之徒，最后亡国亡身。商鞅欣然接受了这个条件，并且进一步引申出"貌言华也，至言实也，苦言药也，甘言疾也"的道理。

历史也反复证明，能否广开言路，接受建议，常常决定一个朝代的盛衰。不怕有人说错话，就怕有话都不说。大凡成就大业者，往往虚怀若谷，从内心深处愿意倾听不同意见。明代大儒王阳明主政地方，出巡时让衙役打的牌子不是常见的"肃静""回避"，而是"求通民情""愿闻己过"，一时传为佳话。

由此，有必要恢复批评和自我批评的"利器"本色。从这个角度讲，开展群众路线教育实践活动、加强干部作风建设是必然选择，而其关键和实质就是要始终坚持和用好批评与自我批评的武器，正确把握开展党内批评的要求和原则，切实提高批评与自我批评的质量。

在制度机制上，要防止批评与自我批评"一阵风"。党的群众路线教育实践活动开展以来，党内批评与自我批评作风日渐浓厚，党风、政

做党的光荣传统和
优良作风的忠实传人

风显著好转,这集中体现在"三公经费"开支明显减少和有效遏制了某些党员干部"四风"不良习气等方面。但是,开展批评与自我批评是一项长期的工作,绝不能"一阵风",任何时候都不能降低标准,必须长期坚持、常抓不懈。

在思想认识上,消除顾虑,把放下包袱、轻装上阵作为先决条件。其实,一个领导干部不敢批评人,说到底,就是因为"怕"的思想在作怪,没有把善意的批评当成"礼物",认为批评是指责、是找碴,批评别人怕得罪人、怕别人"有想法",被人批评怕痛、怕刺手,怕丢面子、掉底子。所以,要想把"钝器"变回"利器",必须克服"怕"的思想。党组织要从解决认识问题入手,不断加强学习,反复做思想工作,使党员干部认识到,开展批评和自我批评不是整人,而是加强党性锻炼的自我教育,经常检查自己的不足和缺点,及时加以改进和纠正,提高自身的觉悟和素质。要有抛开面子的勇气,及时发现缺点,从而主动开展批评和自我批评。

在行为实践上,领导带头、以上率下,既是活动成功的关键,也是以整风精神开展批评和自我批评取得实效的关键。邓小平曾说,领导干部带头起模范作用"是整党不走过场的一个重要标志"。开展批评和自我批评,必须"一把手"抓,抓"一把手"。作为党员干部的标杆,"一把手"必须用更高的标准严格要求自己,用更严的尺子检查衡量自己,用无私无畏的勇气改进提高自己,带头开展批评和自我批评。"一把手"要敢于担当第一责任人,带头勇于批评和自我批评,率先垂范、开诚布公,"向我开炮",实事求是地指出他人不足,有一说一、就事论事,既不夸大事实,也不隐藏缺点,只有这样其他同志才敢放心说、大胆说,才能真正达到帮助同志、增进团结、促进工作的效果,也只有这样才能以上率下,上行下效、一级抓一级,形成认真开展批评和自我批评的"气场"。

实践证明,只要"一把手"自觉拿起批评和自我批评这一武器,特别是主动自觉真诚地进行自我批评，本地区、本单位、本部门就能形成讲真话、讲实话的良好环境和氛围，批评和自我批评就能真正开展起来。

为使批评与自我批评更有效，要根据实际情况，采用适当的批评与自我批评方法。在党内的民主生活会中就适宜采用直接式批评与自我批评，对自身存在的问题，不讳疾忌医，不遮遮掩掩，敢于揭短亮丑；对别人存在的问题，不留情面，少兜圈子，不绕弯子，真正"红红脸、出出汗"，触及思想，触及灵魂。

针对自尊心较强，不容易接受正面批评的人，可以采取委婉式的批评，这种方法循序渐进，不是把批评信息一次输出，不把错误缺点全盘托出，避免超过人的心理承受能力，而将自身与对方都放入批评中，耐心地加以引导，引发其自身思考、自我批评，逐步地去解决自身问题。

在针对个人存在的较严重问题或社会某些弊端、丑恶现象时，所采用的批评方式必须有一定力度，重点在于对存在问题进行纠正，对丑恶现象进行揭露曝光，督促犯错误的人开展自我批评。揭露式对不良行为进行批评必须一针见血，毫不含糊，能够达到让被批评者脸红、心跳、猛醒的效果。

当然，批评与自我批评最终是为了发现和解决问题。因此要以"动真格、有辣味"、聚焦问题"不走神不散光"、撰写材料见人见事见思想、分析问题把自己摆进去作为批评与自我批评的基本要求，始终坚持问题导向，强化问题意识，深入查摆问题，切实发现和解决领导班子自身的问题。

在批评与自我批评时，应多向自己开刀，多摆自己的问题，多查自己的不足，这样，才能由此及彼、由表入里地触及问题的实质。真正把自己摆进去，就会做到班子查摆的问题把个人摆进去、下级查摆的问题把上级摆进去、业务部门查摆的问题把分管领导摆进去、社会面上的问题把自己摆进去。把自己摆进去，目的就是将问题找准找实找全。如果

做党的光荣传统和
优良作风的忠实传人

没有把自己摆进去,所谓的批评和自我批评,可能就是化了妆再照镜子,就看不到问题,看不到真实的自己。

"赠人玫瑰,手有余香;受人玫瑰,一样芬芳。"善意的批评是玫瑰,是同志之间最好的礼物,我们在接受"礼物"的同时,也要及时送出"礼物",通过经常性的相互善意的批评,使"四风"积弊吹糠见米、无处藏身,使自身存在的问题有一个改一个,改一个少一个,始终保持肌体清清爽爽、健健康康。

从以往情况来看,特别要警惕那种手电筒只照别人不照自己、说一套做一套的"两面人",比如万庆良。2013年10月,万庆良在广州市委常委专题民主生活会上表态,对照"四风"方面的突出问题,关键在于"解决问题、取信于民"。可事实是,万庆良在中央整治"会所中的歪风"通知下发以后,仍然多次出入私人会所,在被组织调查的前几天,还到会所里去大吃大喝。

万庆良是民主生活会上没人批评,还是压根儿不在乎别人批评?一句话,他不把这些问题当问题,最后出了大问题。

更为极端的是,少数人不但拒绝舆论监督和批评,甚至还发展到"跨省抓记者"。从辽宁西丰县委书记因为不满舆论监督派警察进京抓记者,到浙江警察充当当地企业的打手而通缉批评该企业的记者,再到后来接二连三发生的严重侵犯舆论监督权的事件,均反映出批评和自我批评所面临的困境。

作为中国共产党三大优良作风之一的批评与自我批评,被毛泽东赞为"扫灰尘""照镜子""洗脸",是"抵抗各种政治灰尘和政治微生物""唯一有效的方法"。邓小平反复叮嘱,批评与自我批评这个武器一定不能丢,丢了这个武器,如同战士丢枪一样,就会在工作中和思想上打败仗。

老一辈革命家的这些至理名言告诉我们:良言刺耳利于病。作风建设永远在路上,批评和自我批评这个防身治病的锐利武器须臾不能丢,甚至更有必要让批评和自我批评显出"利器"本色。

"要用好批评和自我批评武器,有一点'辣味',让每个党员干部都能红红脸、出出汗。"2014年3月18日上午,习近平总书记在专门听取兰考县教育实践活动情况汇报时发表了重要讲话。他特别强调:"要组织党员、干部把焦裕禄精神作为一面镜子,从里到外、从上到下反复照一照自己,深入查摆自己在思想境界、素质能力、作风形象等方面存在的问题和不足,努力向焦裕禄同志看齐,从今天做起,从眼前做起,从小事做起,像焦裕禄同志那样对待群众、对待组织、对待事业、对待同志、对待亲属、对待自己,像焦裕禄同志那样生命不息、奋斗不止,努力做焦裕禄式的好党员、好干部。"

习近平总书记的讲话,从党性原则的高度,对各级领导干部运用好批评与自我批评这一思想武器,提出了明确要求,指明了严肃党内政治生活的关键所在。

党的基层组织是党的全部工作和战斗力的基础,党支部民主生活会中运用批评与自我批评的方法,是经过党的历史充分证明,有利于发扬党内民主、纯洁党的组织、解决党内问题、增进党的团结、增强各级领导班子的创造力、凝聚力和战斗力的锐利思想武器。

2018年第5期《党员生活》曾有一篇文章认为,克服党支部批评与自我批评方面的问题,开展积极的、经常的、制度化的党内批评与自我批评,进一步提高批评与自我批评的质量和效果,应着重抓好以下三个方面:

一、事前培训。 首先要在思想认识上达成一致。明确批评与自我批评的目的、内容、方法等,把提高认识、增强素质作为思想前提。

其次,培训内容要涉及开展批评的场合与时机的把控。要杜绝会上不讲、会下乱讲,当面不讲、背后乱讲,不注意场合、不注意时间,看似党性强,实则党性弱的错误倾向。

最后,培训内容还应包括对批评方法与艺术的指导。开展批评时,要讲究语言艺术。批评下级时,要循循善诱,不要"电闪雷鸣"。批评同级时,应义正词和。要态度诚恳、分寸适度,更要有理有据、客观公正。批评上级时,宜间接委婉,维护领导权威。

二、事中激励。首先要形成良好的制度机制。要坚持党员领导干部参加双重组织生活制度和述职、评议制度。把开展批评与自我批评的好与否,纳入考察党员干部"德"的主要内容。

其次要完善干部考核评价机制。机关同事之间竞争激烈,导致在批评与自我批评时"私心杂念多",要从根本上打消顾虑,应改变过去提拔干部"唯票",实行提拔干部"唯绩",由提拔干部"领导说了算",到提拔干部"群众满意",切实释放大家批评与自我批评的积极性。

最后应发挥领导的示范带头作用。打铁还需自身硬,领导干部只有自己做好了,批评别人才有底气,别人听了才服气。要引领党员敢于揭露不良倾向,敢于抵制歪风邪气,敢于批评帮助有缺点错误的同志。

领导干部也应当虚心听取群众提出的批评意见,对自己存在的缺点错误要敢于正视、带头整改落实。做到"不以一毫私意自蔽,不以一毫私欲自累",对会上查摆出来的问题,都要明确整改方向,制定整改措施,规定整改时限,一个一个加以解决。

三、事后监督。任何一项好制度的落实,都离不开监督,批评与自我批评的质量和效果最终也是落实到对问题的整改落实上,因此要与时俱进,注重创新,发挥多层次、多渠道监督作用。

首先是发挥上级组织的监督检查作用。上级党组织要定期分层次地检查各级党组织开展批评与自我批评的情况,对开展批评与自我批评好的要给以肯定,不好的要限期改正。把开展批评与自我批评情况,纳入机关党组织评比先进内容之一。要逐步将批评与自我批评整改落实情况纳入巡视内容,并作为单位考核和"一把手"考核的内容之一。

其次要鼓励党员干部之间开诚布公，互相监督。要提倡、鼓励和支持党员干部大胆开展批评，不能把敢于直言的同志视为搞不团结的干部。要提倡机关党员干部相互之间的监督，对党员干部的缺点和错误，要及时提醒和批评。

最后要发挥群众的监督作用。每次民主生活会前，将上一次批评与自我批评后的整改清单及整改落实情况公布，民主生活会后，再次将整改清单和整改时限向党员群众公布，让群众来评判批评与自我批评的质量和效果，充分发挥群众的监督作用。

第五章 勇于斗争是中国共产党的鲜明品格

我们党依靠斗争走到今天，也必然要依靠斗争赢得未来。开启全面建设社会主义现代化国家新征程，立足新发展阶段、贯彻新发展理念、构建新发展格局，面临的风险和考验一点也不会比过去少。年轻干部要自觉加强斗争历练，在斗争中学会斗争，在斗争中成长提高，努力成为敢于斗争、善于斗争的勇士。要坚定斗争意志，不屈不挠、一往无前，决不能碰到一点挫折就畏缩不前，一遇到困难就打退堂鼓。

——习近平总书记2021年3月1日在2021年春季学期中央党校（国家行政学院）中青年干部培训班开班式上的重要讲话

"自强不息"一词,出自《周易·乾卦》中的"天行健,君子以自强不息"。它历经数千年历史沧桑洗礼,已经蜕变为中华民族民族精神的基本内涵之一。不畏艰险、敢于斗争的斗争精神既是自强不息民族精神的最重要内核和最直观体现,更是中华优秀传统文化不可分割的重要组成部分。

正是有了不惧艰险、敢于斗争的精神,华夏文明才能从黄河流域的部落联盟发展成为幅员辽阔的统一多民族大国;正是有了不屈不挠、敢于斗争的精神,中华民族才能历经历史上的波澜沉浮而始终保持昂扬向上的生机活力;正是有了不畏强暴、敢于斗争的精神,中国人民才能历经磨难探索寻找到今日阔步前行的民族复兴之路。

中国共产党人作为中华民族的杰出代表,始终不断汲取中华优秀传统文化中的养分。回顾百年历程,不难发现,勇于斗争是中国共产党的鲜明品格。中国共产党从诞生之初就一直在不断地斗争,通过斗争实现新中国的独立,通过斗争实现新中国的建设,通过斗争实现新中国的腾飞。

斗争精神始终延续在共产党人的血脉之中,刻在了骨子里。

"要善斗争、会斗争,提升见微知著的能力,透过现象看本质,准确识变、科学应变、主动求变,洞察先机、趋利避害。"习近平总书记2021年3月1日在2021年春季学期中央党校(国家行政学院)中青年干部培训班开班式上发表重要讲话强调,要加强战略谋划,把握大势大局,抓住主要矛盾和矛盾的主要方面,分清轻重缓急,科学排兵布阵,牢牢掌握斗争主动权。

习近平总书记还强调,要增强底线思维,定期对风险因素进行全面排查。要善于经一事长一智,由此及彼、举一反三,练就斗争的真本领、真功夫。

一、敢于斗争善于斗争才能赢得胜利赢得尊严

三年以来,在人民解放战争和人民革命中牺牲的人民英雄永垂不朽!

三十年以来,在人民解放战争和人民革命中牺牲的人民英雄永垂不朽!

由此上溯到一千八百四十年,从那时起,为了反对内外敌人,争取民族独立和人民自由幸福,在历次斗争中牺牲的人民英雄永垂不朽!

这三句话与其说是刻在天安门广场中心巍峨的人民英雄纪念碑上,莫若说是深深地烙在了中国人民的心中。

1949年9月30日,就在开国大典的前一天,中国人民政治协商会议第一届全体会议决定,为了纪念在人民解放战争和人民革命中牺牲的人民英雄,在首都北京修建一座人民英雄纪念碑。

当天下午6时,毛泽东率领全体代表,在天安门广场举行了纪念碑的奠基典礼。周恩来代表主席团致词时说:"我们中国人民政治协商会议第一届全体会议为号召人民纪念死者,鼓舞生者,特决定在中华人民共和国首都北京建立一个为国牺牲的人民英雄纪念碑。"致词之后,全体代表静默致哀,气氛悲壮而肃穆。毛泽东宣读了纪念碑的碑文,之后又亲手执锹,挖下了第一锹土,接着全体代表挥锹铲土。至此,人民英雄纪念碑正式奠基。

为实现民族伟大复兴,一代代革命先驱、仁人志士和英雄战士,在抵御外敌入侵、争取独立自由,推进经济社会建设、抗击自然灾难的斗争中前赴后继,无数英烈献出了宝贵的生命。

历史总是给人以鲜明的昭示——

做党的光荣传统和
优良作风的忠实传人

穿越革命岁月的浩荡洪流，历经建设年代的火热浪潮，自成立之日起，中国共产党始终以争取民族独立和人民解放、实现国家富强和人民幸福为己任，带领人民展开气壮山河的伟大斗争。

在战争年代，要斗争就会有牺牲，共产党人坚持冲锋在前，毫不退却。

早在20世纪一二十年代，李大钊面对袁世凯复辟帝制，勇敢地站在斗争的第一线，组织了"神州学会"，揭露袁世凯勾结日本帝国主义的卖国行径，驳斥帝国主义分子鼓吹的中国国情不适合民主政治的谬论。1919年面对曹汝霖、章宗祥、陆宗舆几个人的卖国行为，李大钊指出，我们的仇敌不仅是日本帝国主义者，卖国的也不仅是他们三个，所以，单是打死几个人，开几个公民大会，达不到目的，必须"反抗侵略主义，反抗强盗世界的强盗行为""把这强盗世界推翻"。这种意识形态的斗争，对于五四运动坚持彻底地不妥协地反帝国主义方向大有益处。同时，也促进了马克思主义的广泛传播。

"敌军围困万千重，我自岿然不动。"这就是井冈山军民在极端艰苦、残酷的斗争中所表现出来的威武不屈精神的真实写照。面对几倍以至十几倍的国民党军的"围剿"，毛泽东深刻分析了中国社会的各种矛盾，彻底批判了害怕敌人、实行逃跑主义的错误主张，批判了对中国革命悲观失望的论调，预见中国革命的高潮即将到来，"星星之火，可以燎原"。

井冈山军民充满革命必胜的信心和力量。他们不为貌似强大的敌人所吓倒，不为革命力量的暂时弱小而气馁，不为眼前的困难所屈服。他们"下斗争的决心，有耐战的勇气"，以梭镖加土枪一次又一次粉碎敌人的军事"围剿"，终于取得了黄洋界保卫战等诸多辉煌胜利，保卫了井冈山。

1927年4月12日，蒋介石在上海发动反革命政变，收缴工人纠察队的武器，捕杀工人和共产党员。随后，广东、江苏、浙江等省也相继发生反革命大屠杀。18日，蒋介石在南京建立反革命的"国民政府"，同武汉国民政府相对立。同时，奉系军阀和蒋介石相呼应，也在北京捕杀共产党员。李大钊、陈延年、赵世炎、汪寿华、萧楚女、熊雄等无产阶级革命家先后英勇牺牲。

1927年8月1日，南昌起义以打响武装反抗国民党反动派第一枪的英雄壮举，开启了中国共产党独立领导革命战争的新时期，揭开了中国革命的新篇章。

"功在第一枪"——南昌起义的主要领导者周恩来用最简洁的语言高度概括了起义的历史地位和伟大意义，而"第一枪"之功则源于中国共产党人敢于斗争的革命精神品格。

南昌起义是"为了挽救革命"的英勇壮举，它是在大革命失败后异常严峻的形势下发生的。建党初期，幼年的中国共产党对掌握一支人民的军队缺乏统一的高度敏锐性，没有从根本上认识到武装斗争是中国革命的主要斗争形式。因而，在大革命时期，中国共产党虽然已经开始注意军事工作，比如派大批党员到黄埔军校和国民革命军中去做政治工作、担任党代表。但那时共产党对掌握革命武装还缺乏经验，没有足够的重视，党还未独立组建、领导和指挥过完全属于自己的军队。

毛泽东在总结这一历史时期的经验教训时曾说："过去我们责备孙中山专做军事运动，而我们恰恰相反，不做军事运动。"正因如此，"生气勃勃的中国大革命就被葬送了"。

南昌起义在全党和全国人民面前树立了一面鲜明的武装斗争旗帜，充分地表现了中国共产党和中国人民不畏强敌、前仆后继的斗争精神。

在人类战争史上创造史诗般奇迹的长征中，中国工农红军面对敌人天上的飞机轰炸、地上的围追堵截，从1934年10月跨过江西于都河，到1936年10月在陕甘宁地区胜利会师，中国共产党领导的工农红军以惊人的毅力，跨越万水千山，历尽千难万险，跋涉二万五千里，实现战略大转移，把濒临绝境的中国革命引向坦途，为国家独立、民族解放奠

定了坚实基础。

长征是一次理想信念的伟大远征，是一次检验真理的伟大远征，是一次唤醒民众的伟大远征，是一次开创新局面的伟大远征。红军将士上演了世界军事史上威武雄壮的战争活剧，创造了气吞山河的人间奇迹。

"红军不怕远征难，万水千山只等闲。"发生在广西的湘江战役是长征途中第一场重大战役，也是关系中央红军生死存亡的关键一战。红军将士以坚如磐石的理想信念、百折不挠的革命意志，经过激烈战斗，以损失过半的代价冲破了敌人的铁壁合围，为遵义会议的召开、中国共产党和中国革命实现伟大转折奠定了重要基础。红军和中国革命开始走出低谷，愈挫愈奋、愈战愈勇，不断迎来曙光、走向新的胜利，创造出了四渡赤水河、攻克娄山关、飞夺泸定桥、巧渡金沙江等一个又一个惊天地、泣鬼神的英雄壮举。

抗日战争中，中华民族到了最危险的时刻。无数中国共产党人为了民族的存亡，冲锋陷阵，与日寇浴血奋战，英勇牺牲，成为全民族抗战的模范。

1937年10月23日，毛泽东为陕北公学成立题词："要造就一大批人，这些人是革命的先锋队。这些人具有政治远见。这些人充满着斗争精神和牺牲精神。"他用武松打虎的故事激励干部战士的斗争精神。

1938年5月毛泽东发表的《论持久战》，深入阐发了中国民众中蕴含的巨大斗争能量，强调弱国要不被消灭而且战胜强国，就必须全民动员起来斗争，进行人民战争，这样才能取得持久抗战的胜利。整个抗战期间，中国共产党始终坚持依靠人民群众开展人民战争。日本历史学家井上清说："日本在第二次世界大战中不仅败于美国，而且更惨的是败于中国。正确地说，败给了中国人民。"

没有共产党，就没有新中国，就没有现代化强国的光明未来。这正是近代中国历史发展的内在逻辑。

第五章　勇于斗争是中国共产党的鲜明品格

历史不会忘记，一个曾经长期雄踞东方的泱泱大国，却是带着首都两度被外敌占领的屈辱进入 20 世纪的。一个好端端的国家山河破碎、内忧外患，一个伟大的民族惨遭蹂躏、生灵涂炭。中国共产党的成立，犹如划破旧中国漫漫长夜的闪电，照亮了中国前行的道路，驱散了笼罩在中国人民头上的阴霾。

"虎踞龙盘今胜昔，天翻地覆慨而慷。"

1949 年 9 月 21 日，在新中国成立前夕召开的中国人民政治协商会议第一届全体会议上，毛泽东掷地有声："我们的民族将再也不是一个被人侮辱的民族了，我们已经站起来了。"这是一个民族积聚百年的心声和呐喊，是中国人民在中国共产党的领导下彻底掌控自己命运的自信宣告。

新中国成立之初，一穷二白、满目疮痍、百废待兴。1950 年中美两国实力对比：美国钢产量 8772 万吨，中国 60.60 万吨；美国工农业总产值 2848 亿美元，中国只有 574 亿元人民币……

1950 年 6 月，朝鲜内战爆发后，美国杜鲁门政府悍然派兵进行武装干涉，以美国为首的由 16 个国家组成的"联合国军"全面投入战争，美第 7 舰队侵入中国台湾海峡，不顾中国多次警告，越过三八线，出动飞机轰炸我国东北边境城市和乡村，把战火烧到了鸭绿江边。

强敌当前，中国人民志愿军"雄赳赳，气昂昂，跨过鸭绿江"。两水洞、云山城、清川江、长津湖、上甘岭……一场场惊心动魄的战斗，成千上万的志愿军战士，用血肉之躯深刻证明了并将继续证明着：一个觉醒了的，敢于为祖国光荣、独立和安全而奋起战斗的民族是不可战胜的。

战争结束后，彭德怀感慨地说："帝国主义在东方架起几门大炮就可以征服一个国家、一个民族的历史一去不复返了！"如果没有敢于亮剑的斗争精神，不惧牺牲、克敌制胜，又如何打出了中国人的威风和志气？

做党的光荣传统和
优良作风的忠实传人

——这场战争,重新树立起中国的大国尊严。"我成了历史上第一位在没有胜利的停战协定上签字的美国司令官……""联合国军"第三任总司令马克·克拉克上将在自己的回忆录中留下了这样一段话。

随后在较短的时间内,党领导人民完成社会主义改造,建立起社会主义基本制度,有力推进社会主义建设,初步建立起独立的比较完整的工业体系和国民经济体系,为当代中国一切发展进步奠定了根本政治前提和制度基础,为中国发展富强、中国人民生活富裕奠定了坚实基础。

"贫穷不是社会主义,发展太慢也不是社会主义。"大音希声,振聋发聩。"站起来"的中国,只有又"富"又"强",才能真正屹立于世界民族之林。

1978年12月,党的十一届三中全会作出实行改革开放的历史性决策。这个决定中国命运的关键抉择,如同春雷唤醒大地,迅速开启了让中国人民"富起来""强起来"的时代大幕。

激荡改革开放的时代风云,破除阻碍发展的一切障碍,中国共产党始终解放思想、实事求是、与时俱进、求真务实,带领人民开创中国特色社会主义伟大事业,使中国大踏步赶上人类文明发展的潮流。这种敢闯敢试的斗争精神,一路涉过险滩、夺下隘口,杀出了一条条血路来。

从中国共产主义运动先驱李大钊,到就义感召"后来人"的夏明翰;从舍身炸碉堡的董存瑞,到烈火中永生的邱少云;从一直工作至生命最后一刻的"献身国防科技事业杰出科学家"林俊德,到不顾个人安危全力挽救战机的"逐梦海天的强军先锋"张超……这些英雄的事迹和精神,早已融入中华民族的血脉,在时代长河中留下了灿烂的精神坐标。

在波澜壮阔的伟大斗争中,中国共产党领导新时代中国特色社会主义伟大事业砥砺前行。从精准扶贫、高铁建设,到供给侧结构性改革、科技创新、环境治理,再到"一带一路"建设、中欧班列……一个个生动的故事,恰如一个个缩影,折射着共产党领导下的中国所取得的历史性成就。

40多年来,中国共产党领导下的改革开放事业乘风破浪高歌猛进,极大改变了中国的面貌、中华民族的面貌、中国人民的面貌,中国经济实力、科技实力、国防实力、综合国力进入世界前列,国际地位实现前所未有的提升。

党的十九大召开之际,俄新社曾播发了一篇政治观察文章。文章称,中共十九大的进程和结果受到全世界的关注。

文章的背后,意味深长——

再过十几天,便是十月革命100周年纪念日。世纪回眸,为中国送来马克思主义的那一声炮响,在这个曾经积贫积弱的东方古国已化为震撼世界的中国奇迹,科学社会主义迸发出前所未有的蓬勃生机和强大活力。

斗争是一种态度、一种方法,也是一种思维、一种智慧。敢于斗争、善于斗争,才能突破藩篱、攻克堡垒,最终赢得胜利赢得尊严。

二、中国共产党斗争精神蕴含的为民本色

1935年6月18日,福建长汀西门外罗汉岭下,一个身着囚服的中年人缓步走到一处草坡盘坐下来,对刽子手微笑点头示意道:"此地甚好!"随即饮弹洒血,开始了他自谑的人生"大休息"。这位英勇就义的中年人,就是中国共产党杰出的早期领导人之一——瞿秋白。

一个本可以成为文化巨匠的文弱书生,却能以如此坦然的姿态笑对死亡,这足以震撼所有人,而在他站立的队伍里,还有夏明翰、邓中夏、恽代英……无数的他们,共同构建起中国共产党的光辉形象。

中国共产党诞生于民族危亡、国家沉沦、人民遭难之际,作为一个誓将革命进行到底的马克思主义政党,立志挽狂澜于既倒、扶大厦之将

做党的光荣传统和
优良作风的忠实传人

倾、解民众于倒悬，是建党之始就抱定的夙愿。

纵观百年历程，无论是在战火纷飞的革命年代，还是在波澜壮阔的新时代，中国共产党始终站在人民的立场上，一切为了人民、一切相信人民、一切依靠人民，把人民的利益作为一切斗争的根本出发点和落脚点。

早在新民主主义革命的探索中，中国共产党认识到要解决农民的根本利益问题，就必须解决土地问题，党领导人民打土豪、分田地。党的七大把"中国共产党人必须具有全心全意为中国人民服务的精神"正式写入党章，成为共产党员的思想引领和行为规范。

在全民族抗战初期，毛泽东就声明："我们共产党是无产阶级的先锋队，同时又是最彻底的民族解放的先锋队。"1939年2月，在致张闻天的信中，毛泽东最早提出了"为人民服务"的概念。

1944年，毛泽东在张思德追悼会上的讲话，以《为人民服务》为题发表在《解放日报》上，成为后来著名的"老三篇"之一。因一个具体人物而提出一个明确的思想，其本身就带有一种人民性。当时，他是很自然地讲出来的，甚至预先连草稿都没有。他说："我们这个队伍完全是为着解放人民的，是彻底地为人民的利益工作的"；"中国人民正在受难，我们有责任解救他们，我们要努力奋斗。……我们想到人民的利益，想到大多数人民的痛苦，我们为人民而死，就是死得其所"。1945年，在《论联合政府》一文中，他再一次强调，中国共产党要"紧紧地和中国人民站在一起，全心全意为中国人民服务"。在党的七大上，全心全意地为人民服务写进了党章，定为党的宗旨。

任何一个政党都要面对与处理同人民的关系。提出"为人民服务"的要求并不难，难的是真正做到这一点，难的是坚持做到这一点。然而，这样一种政治理念在中国共产党人的头脑中历久弥新。

为了将中国人民和中华民族从"三座大山"的压迫下解放出来，以毛泽东同志为核心的中国共产党人以"明知山有虎偏向虎山行"的斗争勇气和决心，经过28年的浴血奋战实现了民族的独立、人民的解放和新中国的成立。

新中国成立以后，中国共产党继续尊重人民群众的主体地位，牢记为人民服务的宗旨，使社会主义革命和建设取得了一系列成就。这一时期，中国共产党继续发扬不怕鬼不信邪、敢叫日月换新天的斗争精神，不断取得巩固新生人民政权、保家卫国、社会主义三大改造等伟大斗争新胜利。

忆往昔峥嵘岁月，这些斗争精神无不闪耀着中国共产党"全心全意地为人民服务，一刻也不脱离群众"的根本底色。

改革开放之初，中国共产党提出贫穷不是社会主义，强调要实现"共同富裕"。邓小平同志更是高度重视增进人民福祉，强调要把人民拥护不拥护、赞成不赞成、高兴不高兴、答应不答应作为制定方针政策和作出决断的出发点和归宿，体现了人民至上的价值取向和执政为民的责任担当。

党的十一届三中全会后，以邓小平同志为核心的中国共产党人全面开启了向"富起来"迈进的伟大斗争征程，这是顺应历史发展潮流、回应新时期广大人民群众实现共同富裕根本诉求的伟大革命。在实现党对人民群众郑重承诺的斗争过程中，新时期的中国共产党人以大无畏的勇气和敢闯敢试的劲头，不断突破各种思想观念的束缚和体制机制的羁绊，在无任何可以借鉴和参照的时空条件下打响了中国人民和中华民族由"站起来"向"富起来"阔步前进的伟大斗争。

"黄沙百战穿金甲，不破楼兰终不还。"在这场"摸着石头过河"式的伟大斗争中，中国共产党带领全国各族人民披荆斩棘、破浪前行，涌现出了无数为了人民利益而殚精竭虑、抛家舍业乃至流血牺牲的优秀共产党员。

党的十三届四中全会后，以江泽民同志为核心的中国共产党人顶着

做党的光荣传统和
优良作风的忠实传人

"苏东剧变"等国内外严峻形势所带来的巨大压力,深刻总结苏共亡党亡国的惨痛教训,继承并发展了中国共产党全心全意为人民服务的思想,提出了党要始终代表中国最广大人民的根本利益的新思想,把"不断实现好、维护好、发展好最广大人民的利益"作为新时期新阶段党的斗争任务。

党的十六大以后,以胡锦涛同志为总书记的中国共产党人聚焦"实现什么样的发展、怎样发展"这一重大理论和现实问题,坚持和发扬中国共产党全心全意为人民服务的根本宗旨和光荣传统,创造性地提出了"坚持以人为本、执政为民""发展为了人民、发展依靠人民、发展成果由人民共享""多谋民生之利,多解民生之忧"等新理念新思想新论断,进一步彰显了新世纪新阶段中国共产党永葆为民本色斗争精神的持之以恒性和与时俱进性。

党的十八大以来,以习近平同志为核心的中国共产党人,立足世界百年未有之大变局和中国特色社会主义进入新时代的历史方位,弘扬中国共产党全心全意为人民服务的光荣传统,聚焦我国社会主要矛盾已发生历史性转变这一新国情,创造性地提出了"坚持以人民为中心的发展思想",明确指出了"人民对美好生活的向往就是我们的奋斗目标"的斗争任务。

永远把人民对美好生活的向往作为奋斗目标蕴含着中国共产党人真挚的人民情怀。《党章》总纲中规定:"党除了工人阶级和最广大人民群众的利益,没有自己特殊的利益",这体现了流淌在中国共产党人血脉中的真挚的人民情怀。习近平总书记在回答意大利众议长菲科提问时深情表达:"这么大一个国家,责任非常重、工作非常艰巨。我将无我,不负人民。我愿意做到一个'无我'的状态,为中国的发展奉献自己。"

"撸起袖子加油干"。永远把人民对美好生活的向往作为奋斗目标是一个重大理论问题,更是一个重大实践问题。永远把人民对美好生活的向往作为奋斗目标不能只停留在口头上,而是要将之转化为为人民服务的生动实践。

我们党坚持不断加大民生投入力度,着力提高民生保障水平,始终把民生放在心上、抓在手上,从织密民生保障网到推进脱贫攻坚战,从扩大就业到深化教育、医疗、住房、养老等领域改革,一系列实实在在的民生举措使人民获得感、幸福感、安全感更加充实、更有保障、更可持续。

据统计,至2017年,我国劳动年龄人口平均受教育年限达10.5年;至2018年,学前教育毛入学率达81.7%,小学学龄儿童净入学率达99.95%,初中阶段毛入学率达100.9%,九年义务教育巩固率为94.2%,义务教育普及程度已达到世界高收入国家的平均水平;至2018年9月,全国共设立法律援助机构3200余个,法律援助工作站7万余个,建立看守所法律援助工作站2500多个,法院法律援助工作站3300多个,实现在看守所、人民法院法律援助工作站全覆盖;至2018年末,全国农村贫困人口1660万人,贫困发生率下降到1.7%。2017年,中国人均预期寿命76.7岁,高于72岁的世界平均预期寿命;至2017年,养老机构、社区养老服务设施、互助型养老设施等各类养老服务机构15.5万个,全国经济困难的高龄老年人津贴制度实现省级全覆盖。

回首百年历程,中国共产党的斗争精神尽管随着时代的变迁和社会的发展不断得到丰富和发展,但其所独有的为民本色不但从未褪色,相反却在历代中国共产党人用青春、热血和生命的浇筑下更加璀璨夺目。

三、新时代党员干部仍需要斗争精神

实践证明,实现伟大梦想必须进行伟大斗争,没有人会恩赐给我们一个光明的中国。正如习近平总书记所强调的,"中华民族伟大复兴,

做党的光荣传统和
优良作风的忠实传人

绝不是轻轻松松、敲锣打鼓就能实现的"。

新时代我们的党员干部仍需要斗争精神。环顾世界，霸权主义、强权政治、保护主义、单边主义不断抬头，冷战思维回潮，国际局势正发生深刻变化，各种不稳定、不确定因素明显增加，没有硝烟的战争时刻上演。

着眼国内，当前和今后一个时期，将进入各种风险挑战不断积累甚至集中显露的时期。但现实中，一些领导干部全面从严治党不力，抓班子带队伍宽松软，在工作中欠缺担当意识、责任意识，对班子成员、同事、下级出现的问题和苗头，缺乏敢于动真碰硬的勇气，不敢抓、不敢管，致使"好人主义"盛行。有的甚至刻意回避矛盾，任其发展，对错误做法和不良倾向置若罔闻。

还有部分干部不敢为广大群众的利益唱"黑脸"、当"包公"，不敢同违纪违法行为作斗争。消极懈怠、回避矛盾、做"和事佬""太平官"的现象，致使形式主义、官僚主义问题突出，干部群众怨言不少。

现在，我们一些干部最缺的是实践经验，特别是缺少在重大斗争中经风雨、见世面的经历。不少干部工作很勤奋，对自己要求也严格，但一到大风大浪来了就没主见了，总希望一切都太太平平的，工作思路也就是这个思路，求稳心态有余，斗争精神不足。

我们在工作中遇到的斗争是多方面的，改革发展稳定、内政外交国防、治党治国治军都需要发扬斗争精神、提高斗争本领。

首先，这是维护中华民族根本利益的需要。

共产党人的斗争精神注重策略方法，讲求斗争艺术，坚持有理有利有节，在斗争中谋求合作，在斗争中实现共赢，新时代斗争精神是一种理性精神，绝非无休止地斗争。

随着世界多极化、经济全球化、社会信息化、文化多样化深入发展，全球治理体系和国际秩序变革加速推进，世界面临的不稳定性不确定性增加。在国际斗争中一味妥协退让,甚至以牺牲国家主权、利益为代价,后果不堪设想。

凡是危害中国共产党领导和我国社会主义制度的各种风险挑战,凡是危害我国主权、安全、发展利益的各种风险挑战,凡是危害我国核心利益和重大原则的各种风险挑战,凡是危害我国人民根本利益的各种风险挑战,凡是危害我国实现"两个一百年"奋斗目标、实现中华民族伟大复兴的各种风险挑战,只要来了,我们就必须进行坚决斗争,而且必须取得斗争胜利。

面对国际争端,必须发扬斗争精神,维护国家主权和利益。但斗争不是目的,通过斗争找准国家利益的平衡点,实现国家合作、互利共赢,才是斗争的目的所在。勇于斗争善于斗争,就要在事关中国特色社会主义前途命运的大是大非问题上坚定不移,就要在维护国家核心利益上敢于针锋相对,不拿原则做交易,决不在任何压力下吞下损害中华民族根本利益的苦果。

纵观近现代中国历史,建立中国共产党、成立中华人民共和国、实行改革开放、推进新时代中国特色社会主义事业,都是在斗争中诞生、在斗争中发展、在斗争中壮大。通过斗争实现共产党人的奋斗目标,成就革命、建设、改革的梦想,是斗争的目的所在。

其次,这是推进新时代党的自我革命的需要。

中国特色社会主义道路是历史的选择、人民的选择。实践已经证明,中国特色社会主义道路是引领中国走向繁荣富强之路,也是人类文明发展之路。偏离中国特色社会主义道路,将给中国带来灾难性后果。新时代发挥斗争精神,就是要避免在发展道路选择上犯方向性错误,确保在中国特色社会主义道路上行稳致远。

自我革命是一种特殊意义上的革命,其特就特在要对自身存在的问题"动刀子",意味着要同安逸享乐和不思进取的消极心态做斗争,要

同各种顽瘴痼疾和积习积弊做斗争，要同权力的腐蚀和利益的诱惑做斗争，要同若隐若现的"关系网"和若明若暗的"潜规则"做斗争，要同党自身存在的各种缺点和问题做斗争。如果没有刀刃向内的斗争勇气，没有壮士断腕的斗争决心，没有真刀实枪的斗争交锋，没有高超娴熟的斗争艺术，党的自我革命就很难引向深入，全面从严治党就难以向纵深发展。

勇于斗争善于斗争，是对每个共产党员提出的要求，也是每个共产党员党性修养的准则。共产党员要敢于坚持原则、不做无原则的妥协和退让，要不怕困难、敢于担当，要把责任扛在肩上，就要在全面从严治党上敢于动硬，要遵法纪、讲原则、持正义、守底线，不能拿原则做交易。

最后，这是增强新时代领导干部能力的需要。

在前进道路上我们面临的风险考验只会越来越复杂，甚至会遇到难以想象的惊涛骇浪。我们面临的各种斗争不是短期的而是长期的，至少要伴随我们实现第二个百年奋斗目标全过程。斗争历练不够，斗争精神不足，斗争本领不强，实际上已经成为部分领导干部领导能力的重大短板。

勇于斗争善于斗争，就是要积极应对各种矛盾挑战，着力防范化解重大风险，这是新时代党和国家事业发展对领导干部提出的客观要求。

世界面临百年未有之大变局，"黑天鹅""灰犀牛"频现，亟待我们深刻把握世情、国情、党情，以斗争精神坚定推进社会革命和自我革命，走好新时代的长征路。人到半山、船到中流，愈进愈难、愈进愈险，唯有站稳脚跟、奋力拼搏，才能用今天的斗争为明天的梦想铺路。

胜利要靠斗争获得，谁也不会送给我们。

我们的头脑要特别清醒、立场要特别坚定，牢牢把握正确斗争方向，做到在各种重大斗争考验面前"不畏浮云遮望眼"，"乱云飞渡仍从容"。在斗争中经风雨见世面、长才干强筋骨，做敢于斗争的战士，不做爱惜羽毛的绅士，我们必将凝聚起无坚不摧的磅礴力量，满怀自信为共和国书写崭新篇章。

四、发扬斗争精神必须有胆有识有谋

我们衡量党员干部有没有斗争精神、是不是敢于担当，就要看面对大是大非敢不敢亮剑、面对矛盾敢不敢迎难而上、面对危机敢不敢挺身而出、面对失误敢不敢承担责任、面对歪风邪气敢不敢坚决斗争。

当前，虽然绝大部分党员干部依旧保持着艰苦奋斗的本质，敢于斗争乐于斗争的精神依旧存在，但有一些党员干部不敢直面困难，在遇到问题时主动退让，在面临原则性问题时依旧有所犹豫，缺乏敢于斗争的精神品质。

领导干部要经受严格的思想淬炼、政治历练、实践锻炼，在复杂严峻的斗争中经风雨、见世面、壮筋骨，真正锻造成为烈火真金。

一、树立斗争意识是发扬斗争精神的前提

斗争意识是政治意识、忧患意识、风险意识、责任意识、担当意识等集中体现和客观反映。要充分认识到具有许多新的历史特点的伟大斗争的长期性、复杂性、艰巨性，以强烈的政治担当和坚定的责任担当迎接任何风险挑战的考验。

要绷紧政治这根弦，坚定政治方向和立场，提高政治鉴别力和敏锐性，在大是大非面前立场坚定、态度坚决，在各种诱惑面前保持定力、坚如磐石；要居安思危、未雨绸缪，把防风险摆在突出位置，清醒认识外部环境深刻变化和国内改革发展稳定面临的新情况新问题新挑战；要增强工作的预见性，警惕"黑天鹅"，防范"灰犀牛"，时刻准备应对重大挑战、抵御重大风险、克服重大阻力、解决重大矛盾；要坚持干事创业、担当作为的导向，以坚定的责任担当，在新时代创先争优、建功

立业。

二、坚定斗争意志是发扬斗争精神的关键

斗争意志需要经受严格的思想淬炼、政治历练、实践锻炼，在复杂严峻的斗争中锤炼而成，纵观百年党史，中国共产党人正是在长期革命、建设和改革的斗争实践中，将敢战能胜的斗争意志传递给人民群众，引领中华民族走上了伟大复兴的道路。

"船到中流浪更急、人到半山路更陡"，在实现中华民族伟大复兴的前进道路上，我们面临的风险挑战和惊涛骇浪只会越来越多，在各种斗争考验面前，年轻干部必须毫不动摇地坚定理想信念，正确认识对待前进道路上的曲折与困难，以"踏平坎坷成大道"的斗争意志，应对好每一场重大风险挑战，完成好改革发展稳定的各项工作任务。

三、掌握斗争艺术是发扬斗争精神的保障

斗争是一门艺术。发扬斗争精神不是逞强好胜、争勇斗狠，也不是鲁莽冲动、毫无章法，而是在坚持原则、坚守信仰、坚定立场的基础上采取实事求是、因地制宜、灵活多样的策略方法，进行有理有利有节的斗争，减少自身耗损、取得最大收益。

实践证明，斗争艺术的高低是检验一个政党是否成熟、是否有力的重要标准。我们党在不同的历史时期始终坚持原则的坚定性和策略的灵活性，以高超的斗争艺术取得了一次又一次具有重大意义的历史性胜利。在新时代，党员领导干部妥善处理好纷繁复杂的矛盾，就是要树立科学的思维方式，坚持敢于斗争和善于斗争有机统一，讲究谋略、务求实效，注重方式方法，保持战略定力，做到蹄疾步稳、行稳致远。

四、增强斗争本领是发扬斗争精神的核心

斗争本领不是与生俱来的，是在大风大浪甚至惊涛骇浪中去接受历练，锤炼出能干事、善干事的能力。

当前，我国正处于"两个一百年"历史交汇期，诸多领域的发展处

于不进则退、非进不可的阶段。进行新时代的伟大斗争，不断取得斗争实效，需要练就善于斗争、善于担当、善于作为的过硬本领，这就要求年轻干部加强理论武装，夯实理论功底，在淬炼思想的过程中涵养敢于斗争的底气。要主动投身实践，多在困难矛盾多的地方、在严峻复杂的时候、在处理急事难事中接受磨炼，多在同各种矛盾冲突、大是大非、危机困难、歪风邪气的斗争中进行锻炼，在斗争中不断地汲取教训、积累经验，练就一身真本领、硬功夫。

第六章 艰苦奋斗是中国共产党的创业精神

年轻干部要接过艰苦奋斗的接力棒,以一往无前的奋斗姿态和永不懈怠的精神状态,勇挑重担、苦干实干,在新时代新征程中留下许党报国的奋斗足迹。节俭朴素,力戒奢靡,是我们党的传家宝。现在,我们生活条件好了,但艰苦奋斗的精神一点都不能少,必须坚持以俭修身、以俭兴业,坚持厉行节约、勤俭办一切事情。年轻干部要时刻警醒自己,培育积极健康的生活情趣,坚决抵制享乐主义、奢靡之风,永葆共产党人清正廉洁的政治本色。

——习近平总书记2021年3月1日在2021年春季学期中央党校(国家行政学院)中青年干部培训班开班式上的重要讲话

做党的光荣传统和
优良作风的忠实传人

2013年9月26日15时。北京,京西宾馆。

"我刚才看到这位老前辈,她就是我们的老将军甘祖昌的夫人龚全珍,她今年90多岁了,我看到她以后心里一阵阵的感动。"习近平总书记在会议楼前厅会见第四届全国道德模范及提名奖获得者讲话结束时,把目光转向坐在第一排左边的一位老人——刚刚被评为全国道德模范的龚全珍老人。

习近平总书记饱含深情地对在场的300多位与会者介绍,甘祖昌是我们共和国的开国将军,江西籍的老红军。新中国成立后,他当了将军,但是他坚持回家当农民。我当小学生时就有这篇课文,内容就是将军当农民,我们深受影响。至今半个世纪过去,看到龚老现在仍然弘扬着这种精神,今天看到她又当选全国道德模范,出席我们今天的会议,我感到很欣慰。

习近平强调,我们要弘扬这种艰苦奋斗精神,不仅我们这代人要传承,我们的下一代也要弘扬,要一代一代传承下去。我再次向龚老前辈表示致敬。

新中国成立后甘祖昌曾任解放军新疆军区后勤部长,1955年被授予少将军衔。他因在战争年代多次负伤,组织让他安心养病,但他不愿给组织增加麻烦,经过再三请求,于1957年回到家乡江西省莲花县洋桥乡务农。

甘祖昌对子女要求严格,不允许他们有任何特殊。而他自己解甲归田后,也依然保持着一位红军老战士艰苦朴素的本色。他养猪种菜,连抽的烟也是自己种的。上级要按有关规定给他盖房配车,他一一拒绝。组织上发给他的薪金,他把绝大部分用来为家乡修水利、建电站。1986年3月28日,甘祖昌病危弥留之际,嘴里还断断续续地说:"领了工资……留下生活费……其余全部买化肥农药,支援农业……我不要房子,不要给我盖房子……"就这样,甘祖昌停止了呼吸,走完了他从农民到将军、又从将军到农民的全部战斗历程。

龚全珍1957年随甘祖昌回到莲花县,在乡村教师的平凡岗位上几十年如一日,兢兢业业、教书育人。尤其是将军去世后,龚全珍没有向组织提出任何要求,仍然过着普通人的生活。不仅如此,她离休后,还倾力捐资助学、扶贫济困,开办"龚全珍工作室"服务社区、服务群众,为广大群众做了大量的实事好事,受到当地干部群众的尊敬和爱戴,成为了新时代的全国道德模范。

作为一个有着60多年党龄的中国共产党党员,龚全珍用一生的坚守,继承和发扬了甘祖昌将军勤俭节约、艰苦奋斗的精神。

艰苦奋斗是中国共产党人的传家宝和政治本色。这种精神,在任何时期都不会过时。革命年代,它是取得胜利的支撑力;建设时期,它是成就伟业的原动力。龚全珍就是这一精神基因最为典型的诠释者、传承者和践行者。

一、中国共产党是靠艰苦奋斗起家的

2021年2月25日上午,全国脱贫攻坚总结表彰大会在北京隆重举行。习近平总书记向世界庄严宣告——

> 经过全党全国各族人民共同努力,在迎来中国共产党成立一百周年的重要时刻,我国脱贫攻坚战取得了全面胜利,现行标准下9899万农村贫困人口全部脱贫,832个贫困县全部摘帽,12.8万个贫困村全部出列,区域性整体贫困得到解决,完成了消除绝对贫困的艰巨任务,创造了又一个彪炳史册的人间奇迹!

云南贡山县，独龙江乡。一个深山峡谷里与世隔绝的少数民族，在皑皑雪山和茫茫林海之中，渐渐有了第一条公路、第一座隧道、第一栋安居房……独龙族实现了"一步千年"的跨越。

四川大凉山，阿土列尔村。悬崖峭壁上，17条藤梯的痕迹还清晰可见。穿上节日才穿的衣裳，344名村民走下新修的2556级钢梯，翻过了那座压在头上的贫困大山。

湖南湘西州，十八洞村。"山沟两岔穷圪垯，每天红薯包谷粑"，这是孔铭英嫁到村里后学会的第一首苗歌。如今，家里创办了"巧媳妇"农家乐，她在厨房亲自掌勺，一天要招待好几拨客人。

习近平总书记强调："脱贫攻坚取得举世瞩目的成就，靠的是党的坚强领导，靠的是中华民族自力更生、艰苦奋斗的精神品质，靠的是新中国成立以来特别是改革开放以来积累的坚实物质基础，靠的是一任接着一任干的坚守执着，靠的是全党全国各族人民的团结奋斗。"

"艰苦奋斗"是中国共产党在长期的革命、建设过程中形成的优良传统和作风，是一种奋发图强，艰苦创业，为国家和人民的利益乐于奉献的精神。

中国共产党是靠艰苦奋斗起家的，也是靠艰苦奋斗发展壮大、成就伟业、创造辉煌的。通过一代又一代共产党人艰苦创业，形成了革命战争年代的井冈山精神、长征精神、延安精神和西柏坡精神，和平建设时期的大庆精神、红旗渠精神、"两弹一星"精神，改革开放时期的抗洪精神、载人航天精神等，这些精神一脉相承，都是艰苦奋斗精神在不同时期的具体体现。

中国共产党自1921年成立起，作风建设始终是党的建设的一个根本内容。

在波澜壮阔的大革命洪流中，毛泽东一方面致力于国共两党的宣传工作，一面着力于农民运动。1925年10月，毛泽东在《广东省党部代表大会会场日刊》发刊词中，首次使用"苦斗"一词。1927年3月，毛泽东在《湖南农民运动考察报告》这篇著名报告中，认为"乡村中一向苦战奋斗的主要力量是贫农"。

1927年10月，毛泽东率领工农革命军到达井冈山地区，开始创建第一块农村革命根据地，特别是1928年4月底朱德、毛泽东会师之后，国民党反动派在对井冈山革命根据地进行频繁军事进攻的同时，还在经济上实行严密而又残酷的封锁。他们设立关卡，出示布告，制定严厉措施，断绝井冈山同外界的任何物资交流和经济往来，妄图把井冈山军民困死、饿死、冻死在山上。

毛泽东和湘赣边界党、政府为了摆脱根据地的经济困境，领导井冈山军民自力更生、艰苦创业、因陋就简、白手起家。在军需工业方面，先后办起了桃寮被服厂、红军军械处、红军印刷厂等；在农业生产方面，组织红军指战员参加农业生产劳动，开展劳力换工和农具耕牛互助；在商业贸易方面，开辟了大陇圩场，改造、繁荣了草林圩场，沟通了赤白贸易，并制定了"一个红枣也不能动"的正确工商业政策；在金融方面，创办了红军造币厂，铸造、发行了"工"字银元，调剂货币流通，稳定金融市场；在医疗卫生方面，办起了茅坪后方医院、小井红军医院。此外，为了打破敌人的经济封锁，还开展了群众性的熬硝盐运动，成立了边界竹木委员会、防务委员会，并组织红军将士和群众挑粮上山。

1928年11月25日，毛泽东在写给中共中央的报告《井冈山的斗争》中说："好在苦惯了。而且什么人都是一样苦，从军长到伙夫，除粮食外一律吃五分钱的伙食。发零用钱，两角即一律两角，四角即一律四角。因此士兵也不怨恨什么人。"这些话充分体现了红军队伍中官兵一致、同甘共苦的精神。

当时还有这样的说法，没有"牛头"不革命。"牛头"就是虱子，红军战士中没有一个不生虱子的。战士们经常一走就是一百多里路，还

做党的光荣传统和
优良作风的忠实传人

要同地方民团、挨户团打仗。每到一个地方，住一晚就是一个很好的休息。由于战斗生活十分紧张，要想洗澡、洗衣服，都是一件不容易的事情。

除了指挥权以外，当时官兵生活都一个样。毛泽东的住处十分简陋，一块门板，两条板凳，上面铺禾草，盖一块布，被子破旧还打了补丁，根本没有蚊帐。朱德当军长，也和战士们一样艰苦，身上长满了虱子，经常和战士们一样利用休息时间抓虱子。他曾风趣地说，不生虱子的人不革命。

1929年，毛泽东在《红军第四军前委给中央的信》和《给林彪的信》中，比较频繁地使用了"奋斗"这一概念。同年，毛泽东在《中国共产党红军第四军第九次代表大会决议案》中，使用了"艰苦工作"这一词组。

毛泽东对"艰苦奋斗"的理解，就这样经历了一个从模糊到清晰、从实践到理论的一般认识过程。1932年，毛泽东专门对中央苏区的政府机关工作人员提出了严格的勤俭节约的作风要求，并强调要"养成苏区中更加刻苦更加节省的苏维埃工作作风"，强调这种作风的"万分必要"性。

1935年，毛泽东在《中华苏维埃共和国中央政府、中国工农红军革命军事委员会抗日救国宣言》中，同时使用了这两个概念，用"历尽艰难困苦"形容二万五千里长征，要求"全国人民有力出力，有钱出钱，有枪出枪，有知识出知识，大家团结，大家奋斗，以誓死的决心以对付中国人民公敌"。

1936年12月，毛泽东在《中国革命战争的战略问题》中，首次使用了"艰苦奋斗"的概念，提出："中国共产党以自己艰苦奋斗的经历，以几十万英勇党员和几万英勇干部的流血牺牲，在全民族几万万人中间起了伟大的教育作用……没有中国共产党在过去十五年间的艰苦奋斗，挽救新的亡国危险是不可能的。"

延安时期，毛泽东进一步将这种作风提到对党的建设带有根本性意义的高度，将勤俭节约、艰苦奋斗的作风要求扩大到"每一个共产党员，每一个革命家"两个更加宽广的层面。1939年12月,在延安召开的干部生产动员大会上,毛泽东代表党中央发出了"自己动手,自力更生,艰苦奋斗,克服困难"的伟大号召,并和中央领导一起带头参加大生产运动,使自力更生、艰苦奋斗蔚然成风,并逐步形成了以"艰苦奋斗"为主要内容的延安精神。

1945年5月24日,毛泽东在中国共产党第七次代表大会上作了题为《论联合政府》的政治报告。毛泽东说:"利用抗战发国难财,官吏即商人,贪污成风,廉耻扫地,这是国民党区域的特色之一。艰苦奋斗,以身作则,工作之外,还要生产,奖励廉洁,禁绝贪污,这是中国解放区的特色之一。"

1945年12月28日,毛泽东给中共中央东北局起草指示信,开篇即提出:"建立这种根据地,不是轻而易举的事,必须经过艰苦奋斗……干部中一切不经过自己艰苦奋斗、流血流汗,而依靠意外便利、侥幸取胜的心理,必须扫除干净。"

新中国成立前夕,面对国民党丢下的烂摊子和百废待兴的局面,毛泽东谆谆告诫全党:"因为胜利,党内的骄傲情绪,以功臣自居的情绪,停顿起来不求进步的情绪,贪图享乐不愿再过艰苦生活的情绪,可能增长。"而这类情绪一旦与"资产阶级的捧场"同流合污,就会被"糖衣裹着的炮弹"所击倒。

对于怎么预防这种情况的发生,在党的七届二中全会上,毛泽东要求全党在胜利面前要保持清醒头脑,在夺取全国政权后要经受住执政的考验,务必使同志们继续地保持谦虚、谨慎、不骄、不躁的作风,务必使同志们继续地保持艰苦奋斗的作风。这就是著名的"两个务必"。从此,"两个务必"作为西柏坡精神,成为了中国共产党的优良作风而"永远保持"。

勤俭节约、艰苦奋斗的政治优势和优良作风,贯穿于中国共产党和

做党的光荣传统和
优良作风的忠实传人

国家的整个发展历程中。1951年,中央又决定进行整党,重点解决党内思想不纯和组织不纯等问题。毛泽东提出"精兵简政、增产节约"。随着增产节约运动的深入开展,陆续发现党内存在着严重的贪污、浪费与官僚主义现象。

1951年11月30日,毛泽东为中共中央起草的转发华北局关于刘青山、张子善的大贪污案调查处理情况报告时批语指出:"反贪污、反浪费一事,实是全党一件大事,我们已告诉你们严重地注意此事。我们认为需要来一次全党的大清理,彻底揭露一切大、中、小贪污事件……才能停止很多党员被资产阶级所腐蚀的极大危险现象,才能克服二中全会所早已料到的这种情况,并实现二中全会防止腐蚀的方针,务请你们加以注意。"

1955年,针对一些合作社存在的不注意节约的不良风气,毛泽东在《勤俭办社》一文按语中指出:"勤俭经营应当是全国一切农业生产合作社的方针,不,应当是一切经济事业的方针。勤俭小工厂,勤俭办商店,勤俭办一切国营事业和合作事业,勤俭办一切其他事业,什么事情都应当执行勤俭的原则。这就是节约的原则,节约是社会主义经济的基本原则之一。"同年10月,在扩大的中共七届六中全会上所作的结论中,他指出:"要勤俭办社,就要提高劳动生产率,严格节约,降低成本,实行经济核算,反对铺张浪费。"

1956年4月25日,毛泽东在《论十大关系》的报告中指出:"生产费管理费都要力求节约。"同年11月,他在中共八届二中全会小组长会议上的发言中强调:"在企业、事业和行政开支方面,必须反对铺张浪费,提倡艰苦朴素作风,厉行节约。在生产和基本建设方面,必须节约原材料,适当降低成本和造价,厉行节约。"根据毛泽东的这一思想,1957年2月,中共中央发出《关于一九五七年开展增产节约运动的指示》,提出:"在工业、农业的生产中,在运输、邮电和商业的经营中,都必须想尽一切办法，广泛地开展增产节约运动。"增产节约运动很快在全国各企事业单位轰轰烈烈地开展起来。

在改革开放和社会主义市场经济条件下，邓小平指出："我们的国家越发展，越要抓艰苦创业。"他还特别注意提醒党的各级组织和干部，要想得到群众的信任和爱戴，就不能"把群众的意见和利害放在一边，不闻不问"，就必须杜绝"铺张浪费，损公利私，不与群众同甘苦"等行为。

在继承毛泽东、邓小平两代领导人思想的基础上，作为第三代领导人，江泽民在1997年1月的中央纪委八次会议上强调："以艰苦奋斗、勤俭朴素为荣，以铺张浪费、奢侈挥霍为耻。对于共产党员和各级干部来说，这也是政治立场、政治观点、政治鉴别力的一种考验"。

2003年12月，刚担任党的总书记并作为第四代领导人的胡锦涛，来到西柏坡学习考察时指出："一个没有艰苦奋斗精神作支撑的民族，是难以自立自强的；一个没有艰苦奋斗精神作支撑的国家，是难以发展进步的；一个没有艰苦奋斗作支撑的政党，是难以兴旺发达的。" 2006年3月4日，胡锦涛提出"八荣八耻"的社会主义荣辱观，其中就有"以艰苦奋斗为荣，以骄奢淫逸为耻"。

党的十八大以来，习近平总书记重申必须发扬勤俭节约、艰苦奋斗作风。他着重指出："抓改进工作作风，各项工作都很重要，但最根本的是要坚持和发扬艰苦奋斗精神。"他还从更高的层面提醒全党："能不能坚守艰苦奋斗精神，是关系党和人民事业兴衰成败的大事。"也就是说，丢掉了勤俭节约、艰苦奋斗的作风和精神，就必然会滋生贪图享乐和奢靡之风，就不会有党的群众路线；而丢掉了群众路线，中国共产党就失去了生存和发展的基础。

历史证明，毛泽东所号召并倡导的勤俭节约、艰苦奋斗精神，作为毛泽东思想的重要组成部分，对于激励全党、全国人民积极投身我国革

命和建设事业，克服困难、不懈奋斗，产生了十分巨大的作用。

二、延安成为"中国的希望"

艰苦奋斗是中国共产党的传家宝，在中国共产党走过的100年历程中，最能体现艰苦奋斗精神的时期就是延安时期。

1935年10月，红军经过二万五千里长征的艰难困苦到达延安之后，中国共产党处在生死存亡的关头。要生存下去，需要克服种种困难，而克服各种困难的唯一途径就是艰苦奋斗。当时，延安物质生活相当艰苦，红军初到陕北，每人每天只有五分钱的菜钱，一元钱的月薪，连起码的生活必需品毛巾、鞋袜等都无钱购买。当地的群众也过着"端上饭碗照影影，睡在炕上望星星，身穿羊皮垒补丁"的艰苦生活。面对这样的境况，除了自力更生艰苦奋斗，别无选择。

在严峻的形势下，毛泽东不但一贯主张共产党员和领导干部要保持艰苦奋斗、勤俭节约的作风，坚决反对各种形式的贪图享乐、铺张浪费，而且他还与其他领导人始终以身作则，为全党全军起到很好的表率。

1931年九一八事变后，中国局部抗战爆发。之后，国际上的有识之士开始关注：重庆和延安，谁才是中国抗战胜利的希望之城？

为了寻找答案，1936年7月，抗战全面爆发前，美国记者埃德加·斯诺来到陕甘宁根据地进行了4个月的采访。斯诺在延安的窑洞中第一次见到了毛泽东，"不久之后，我发现我的每一天都在这个窑洞里结束或开始"。

在延安，埃德加·斯诺全面考察了中国共产党对日益迫近的中日战争的见解、红军将士的军事政治素质及中国共产党和革命根据地的建设等问题。在这里，他看到毛泽东穿着打着补丁的衣服、周恩来睡的土炕、彭德怀用缴获的降落伞改做的背心、林伯渠耳朵上用绳子系着断了腿儿的眼镜,发现了红军的伟力所在,称之为"东方魔力""兴国之光",并把这段经历写成了《红星照耀中国》(即《西行漫记》),向世界传递出中国共产党人的主张。

1940年,爱国华侨陈嘉庚回国考察抗战情况,先后到了重庆和延安,中国这两个政治和军事中心给他留下深刻但截然相反的印象。在重庆,陈嘉庚看到,男长衣马褂,满清制服仍存,女则唇红口丹,旗袍高跟鞋红指甲;行政官可私设营业,检察院不负责任;政治办事机关各处办事员多者百余人,少者数十人,月费各以万计……而在延安的短短8天,陈嘉庚发现这里除了官兵平等、民主、没有苛捐杂税外,让他感触更深的是,在重庆国民党用800元一桌的饭菜招待他,到了延安,毛泽东在土窑里请他吃2角钱一顿的客饭。

事后,陈嘉庚深有感触地说:"800元的酒席,我实在咽不下去,2角钱的饭菜,我感到又甜又香。一个是浪费人民的财力、物力,一个是节约人民的财力、物力,两者的思想作风真有天壤之别。"正是看到这些,陈嘉庚由一个坚定的"拥蒋派"变为"拥共派"。考察结束回南洋途中,陈嘉庚路过缅甸仰光,在当地华侨的欢迎会上,他大声疾呼:"中国的希望在延安!"

埃德加·斯诺之后,时任美国总统罗斯福还派来一支"美国记者和军人观察团",他们先后考察了晋绥、晋西北、晋中、冀中等敌后根据地,并专赴延安对毛泽东进行访谈。第一位到访抗日根据地的外国军事观察家美国军官埃文斯·福代斯·卡尔考察后,得出和陈嘉庚一样的结论:"中国抗战胜利的希望在延安"。

延安陕北公学总校高级部二队学员陈辛火曾这样深情地回忆在延安的生活:"没有课堂,就在窑洞前的坪地、在树荫下的空地上上课。即使在1938年11月20日日本飞机轰炸延安的第二天,我们也照常到山坡上坚持上课。没有桌子、凳子,就席地而坐,膝盖就是活动桌子。纸

做党的光荣传统和
优良作风的忠实传人

张困难,就用淡蓝色的马兰草造的纸写字,有时还用桦树皮写诗。现在回想起来,那一张张桦树皮,本身就是串串诗句啊!当时图书不多,每月发的一点津贴差不多全买了书。只要新华书店到了新书,如《联共(布)党史简明教程》《钢铁是怎样炼成的》,很快就被抢购一空。那时夜间照明条件很差,但是大家为革命如饥似渴地学习,常常围着豆粒大的灯光读到深夜……那时的背包很简单,几件衣服,一条薄被子,但是我们每个人的背包里却鼓鼓囊囊地装着好些马恩列斯著作和毛泽东、刘少奇的著作,行起军来,走到哪里背到哪里,就是在战斗紧张的情况下,也舍不得丢掉一本。"

1941年和1942年是延安最困难时期,由于日本侵略者的疯狂进攻和国民党的包围封锁,解放区的财政、经济、人民生活发生了极大的困难。正如当时毛泽东所描述的"我们曾经弄到几乎没有衣穿,没有油吃,没有纸,没有菜,战士没有鞋袜,工作人员在冬天没有被盖"。

面对如此严重的困难,毛泽东说:"我们是确信我们能够解决经济困难的,我们对于在这方面的一切问题的回答就是'自己动手'四个字"。毛泽东曾先后发表《抗日时期的经济问题和财政问题》《开展根据地的减租、生产和拥政爱民运动》,以及《组织起来》等著作,提出了"发展经济,保障供给"的经济和财政工作总方针,号召根据地人民努力发展农业生产和其他生产事业,进行了"自己动手,丰衣足食"的大生产运动。

根据这一总方针,中央和毛泽东还为开展大生产运动制定了一系列具体发展和政策。比如在工、农、商各项经济事业中,实行"以农业为第一"的方针;在农业生产领域,实施减租减息、增开荒地、推广植棉、不误农时、调剂劳动力、增加农贷、提高技术和累进税制等政策以及"组织起来"开展劳动互助的方针;在处理各种关系问题方面,提出"统一领导,分散经营""公私兼顾""军民兼顾""发展生产,厉行节约"

的方针和政策等。

此外，毛泽东在延安杨家岭亲自开荒种地，给菜地浇水施肥。周恩来尽管右臂负过伤，却学会了纺织，并在中直机关纺线比赛中被评为纺织能手。朱德种植玉米、西红柿、萝卜，年年丰收。

在大生产运动中，边区留守部队的指战员们，坚决响应党中央"屯田"号召，提出"背枪上战场，荷锄到田庄"的战斗口号，分别到南泥湾、槐树庄、张村驿、大凤川、小凤川、豹子湾等地军垦屯田，一面开荒生产，一面保卫边区。其中尤其是八路军359旅在南泥湾的生产自给搞得最好。359旅的口号是："一把镢头一支枪，生产自给保卫党中央。"据统计数据显示，1940年，他们开荒种地5000多亩，此后连年递增，1941年为1.12万亩，1942年为2.68万亩，1943年增加到10万亩。1943年收粮1.5万石，蔬菜590多万斤，完成了"2人1猪，1人1羊，10人1牛"的指标。到1944年他们开荒35万多亩，不仅实现了全部经费、物资自给，而且还向边区政府上缴了1万石公粮。

大生产运动是艰苦奋斗精神的具体体现，是中国共产党优良传统的一次延续，它为抗日战争的胜利奠定了物质基础。

中国共产党正是从这样的艰苦奋斗中，一步步迎接新中国的到来。

在中国革命即将取得全国胜利之际，毛泽东向全党郑重提出的"两个务必"思想，既包含着对中国几千年历史上治乱规律的深刻借鉴，包含着对中国共产党艰苦奋斗历程的深刻总结，也包含着对胜利了的政党永葆先进性和纯洁性、对即将诞生的人民政权实现长治久安的深刻忧思，思想意义和历史意义十分深远。

在社会主义建设初期，面对经济文化落后，西方帝国主义封锁，农民人口占大多数，国民党政权遗留下一个千疮百孔的烂摊子，中国共产党提出了"艰苦奋斗，勤俭建国"的方针。对于刚刚执掌全国政权的中国共产党来说，也面临着能不能巩固新生的人民政权、能不能战胜严重

做党的光荣传统和优良作风的忠实传人

的经济困难、能不能迅速恢复和发展国民经济等新的严峻的考验和繁重的任务，毛泽东认为："有困难，有办法，有希望"，办法之一就是"学会过日子"，"富日子当穷日子过"。

毛泽东不仅在理论上、政策上积极倡导厉行节约、反对浪费，艰苦奋斗、勤俭建国，而且不论是在革命战争年代，还是和平建设时期，他都身体力行、率先垂范，是艰苦朴素、勤俭节约的光辉典范。

毛泽东经常对身边的工作人员说："要注意勤俭节约，处处爱护公物，注意节约水电"，"一粥一饭都是来之不易，一针一线也不应该浪费，这都是来自人民，是劳动人民流血流汗生产的果实，如果浪费了，就是白白丢了人民的劳动果实和自己手里的财富，影响我们国家财富的积累，万万不可这样做"。

毛泽东始终把自己看作是人民的一员，从不要求任何特殊待遇，终身保持艰苦朴素的生活习惯。他的饮食生活素以简单随意著称，一日两餐或三餐，最多不过是四菜一汤的家常菜。平日粗茶淡饭，不吃山珍海味。他夜以继日地工作，常常将一天仅有的两顿正餐都省了，饿了时常以烤芋头、麦片或压缩饼干等充饥。

在20世纪60年代初期，面对国外的种种压力和苏联单方面撕毁合同、撤走专家，再加上三年自然灾害，国民经济严重困难。中国人民不屈服，不悲观，举国上下，从毛泽东到广大人民群众，吃苦耐劳，自强不息，勒紧腰带过日子。

1960年是中国经济最困难的一年，毛泽东给自己定下三不：不吃肉、不吃蛋、吃粮不超定量。这一年，毛泽东连续7个月没有吃一口肉。由于长期缺乏营养，毛泽东和许多群众、干部一样得了浮肿病。他说："我不吃猪肉和鸡了，猪肉和鸡要出口换机器。我看有米饭，有青菜，有盐有油，就可以了。"吃饭不小心掉到桌面上的饭粒，他都一粒粒夹起，送到口中，从不浪费。

毛泽东常说："我们国家还不富裕，人民群众生活还有一些困难，我吃那么好，心里不安呀。我吃的饭菜很好了，什么时候中国的老百姓都能吃上四菜一汤，那该多好。"他的衣服鞋帽，许多都是补了又补，一件睡衣打了73个补丁，一条毛巾被也打了54个补丁。

毛泽东外出视察工作，能带的日常生活用品都会带着，大到毛巾被，小到牙膏、牙刷以及火柴。吃饭要给粮票，住宿同样要付给费用。榜样的力量是无穷的。毛泽东的清廉作风，带出了第一代艰苦奋斗的领导集体，周恩来、刘少奇、朱德等老一辈革命家，无一不是勤俭节约、艰苦朴素的典范。

毛泽东的一言一行，无不体现出大公无私、廉洁奉公、两袖清风、全心全意为人民服务的共产党人的崇高品质，激励着一代又一代中国共产党人艰苦奋斗、披荆斩棘，带领人民战胜贫穷、走向富裕。

三、"贪污和浪费是极大的犯罪"

中国共产党自成立起，不但提倡艰苦奋斗，而且坚持不懈地深入开展反贪污反浪费斗争，绝不姑息和宽容。

早在1924年至1927年大革命时期，为了开展好农民运动，中国共产党领导的农会就厉行勤俭节约，制定了"农民诸禁"，要求人们严格遵照执行。当时，"丰盛酒席普遍地被禁止。"

在大革命失败后极其困难的日子里，毛泽东要求党员干部要注意节约，坚决杜绝贪污和浪费。他指出："政府中一切可以节省的开支，如客饭，办公费，灯油杂费，都须尽量减少，尤其纸张信套，更可以节省使用。"

在中央苏区时期，毛泽东更是明确指出："财政的支出，应该根据节省的方针。应该使一切政府工作人员明白，贪污和浪费是极大的犯罪。"

1931年11月7日，中华苏维埃共和国成立后，中央政府先后多次

发布惩治贪污腐化的文件。比如1932年2月,以人民委员会名义发布《帮助红军发展战争、实行节俭经济运动》的第三号通令,要求"各级必须坚决执行","不得稍有玩忽和怠工"。12月1日,中央工农检察人民委员会发布《关于检查苏维埃政权机关和地方武装中阶级异己分子及贪污腐化动摇分子》的第二号训令,从而在中央苏区掀起了一场"反腐、肃贪、倡廉"的红色风暴。

1932年3月2日,中国共产党机关报《红色中华》上发表了中央执行委议会副主席项英的文章《反对浪费严惩贪污》,文中针对当时中央政府派人员清查苏区兴国、万太、赣县等县级政府财政时,所发现的当地政府机关出现的开支浪费现象,及兴国县政府领导、县财政领导吞没公款、假造账目等严重的贪污舞弊情况,提出了尖锐的批评,指出:"对于这种随意浪费,我们要坚决地反对,如若继续不改的,就要用革命纪律来制裁。""贪污是苏维埃政权下,绝不准许有的事,如若发生,即是苏维埃政府的羞耻。"并严厉指出:"对于一切浪费经济,特别是贪污分子,都要给以严重的惩办。"

从1932年年初至1934年秋红军长征之前,苏维埃中央政府在苏区开展了声势浩大的以肃清贪污浪费、官僚主义为主要内容的廉政运动,正式开启中国共产党历史上第一次大规模的反腐倡廉运动。

在这次反腐运动中,处决谢步升就是其中具有历史意义的第一枪——

谢步升家境贫穷,12岁时就给地主打短工,1929年参加工农武装暴动,1930年加入中国共产党,担任叶坪村苏维埃政府主席。谢步升利用职权贪污打土豪所得财物,偷盖苏维埃临时中央政府管理科公章,仿造通行证私自贩运物资到白区出售,牟取私利。尤其是道德败坏,生活腐化堕落,诱迫奸淫妇女,为了谋妇夺妻掠取钱财,他竟然秘密杀害干部和红军军医。

时任中共瑞金县委书记的邓小平拍案而起："这是苏维埃临时中央政府成立以来发生的第一桩腐败案,此风不刹,何以了得!"毛泽东也很关注谢步升案,他力主严惩,并指示:"腐败不清除,苏维埃旗帜就打不下去,共产党就会失去威望和民心!与贪污腐化作斗争,是我们共产党人的天职,谁也阻挡不了!"

1932年5月9日下午3时,经中华苏维埃共和国临时最高法庭判决,叶坪村苏维埃政府主席谢步升在江西瑞金伏法,这是中国共产党反腐败历史上被枪毙的第一个贪官。中华苏维埃共和国严惩腐败,执法如山,受到了中央苏区人民群众的衷心拥护,捍卫了新生的红色政权。

在中国共产党反腐史上,"于都事件"是第一个县级政权集体腐败案,教训深刻。由于当时国民党对中央苏区进行着严密的军事、经济封锁,导致中央苏区内的物资极其匮乏,物价飞涨,一些商人囤积居奇、投机倒把、牟取暴利。尽管中央苏区加强了反腐力度,可还是发生了震惊全党的"于都事件"。

"于都事件"的发现始于1933年底,当时江西于都县各项工作还比较落后,由中央工农检察委员会与土地部财部派出工作团,检查出不少问题,但送到县委、"县苏"后迟迟得不到解决。随后中共中央党务委员会与工农检察委员会又派专人到于都检查,认为问题的关键是于都县委、"县苏"负责人有严重问题。鉴此,党务委员会与工农检察委员会又派项英亲率中央工作组,于1934年3月到于都调查,终于揭开了于都贪腐窝案的盖子。案件查处过程中,中央机关报《红色中华》曾以较大篇幅,多次进行了报道,在党内特别是中央苏区引起了很大震动。

"于都事件"牵涉到县委、县政府及许多部门机关的许多人员。县委书记刘洪清带头违背党的原则,带领一些党员做投机事业,最初合股开酒店卖酒,后因赚不到钱又贩卖谷盐进出口,以每人20元资本,不到4个月就赚了70多元。于都城机关负责人与工作人员起而效尤,争先恐后地贩卖谷盐，有的贪污公款，有的假借合作社名义招股，使于都城内的党与苏维埃机关形成了商人联合的集团。"县苏"主席熊仙璧拿公款做生意。自第三次苏维埃代表大会当选为主席后，他为了增加资本贩卖盐，便以主席的资格在财政部强拿公款50元，交给他的弟弟贩卖盐。以县委书记、"县苏"主席为带头，于都县党政机关内产生了一大批贪污腐败分子，包括县军事部长刘仁祥、少共县委书记滕琼、县组织部长高兴赞、县互济会主任袁成文，还有于都城市区委书记、区苏维埃政府正副主席、工农检察委员会主任和土地、劳动、内务、国民经济、财政、裁判等部长，都不同程度地涉及贪污腐败、违法利用职权经商等经济问题。

在查清事实之后，按照司法程序，经法庭公开审判，判处县苏维埃政府军事部长刘仁祥及刘天浩、李其芬、少共县委书记滕琼、潭头区苏维埃财政部长等5人死刑，予以枪决；撤销县委书记刘洪清职务；经中央执行委员会批准，撤销熊仙璧的中央执行委员和县苏维埃主席职务。其他犯有贪污腐败的党政干部，也都受到了党纪政纪和法律制裁。

1934年3月25日，苏维埃最高法庭遵照苏维埃中央执行委员会命令，组织最高特别法庭对熊仙璧进行公审，判处其监禁1年，剥夺公民权利1年。至此，震惊中央苏区的"于都事件"尘埃落定。

对于"于都事件"的教训，项英在《于都检举的情形与经过》中进行了总结，指出"于都问题不仅要我们认识这一问题的性质与严重性，不仅要我们抓紧于都的问题去进行彻底检举，开展斗争，来改造于都党与政权机关，来教育于都广大的党员与工农群众，而且我们应该由于都的教训，提起我们无产阶级的警觉性"。

在查处"于都事件"期间，中国共产党的反腐制度不断出台。1933年12月，根据毛泽东的意见，临时中央政府执行委员会发布《关于惩治贪污浪费行为》的第二十六号训令。《训令》指出：

为了严格惩治贪污及浪费行为，特规定惩罚办法如下：

1. 凡苏维埃机关、国营企业及公共团体的工作人员利用自己地位贪污公款以图私利者，依下列各项办理之：

（甲）贪污公款在500元以上者，处以死刑。

（乙）贪污公款在300元以上500元以下者，处以二年以上五年以下的监禁。

（丙）贪污公款在100元以上300元以下者，处以半年以上二年以下的监禁。

（丁）贪污公款在100元以下者，处以半年以下的强迫劳动。

……

2. 苏维埃机关，国营企业及公共团体的工作人员，因玩忽职务而浪费公款，致使国家受到损失者，依其浪费程度处以警告、撤销职务以至一个月以上三年以下的监禁……

这是中国共产党成立以来制定的第一份完整的反贪污浪费的文件，标志着反贪污浪费行为的斗争开始步入了法制化的轨道。

在公布临时中央政府《关于惩治贪污浪费行为》训令的同时，中央政府工农检察部作出《怎样检举贪污浪费》的指示："在艰苦的国内战争环境中而有贪污浪费行为发生，完全是一种罪恶……反贪污斗争，是执行苏维埃一切战斗任务不可分离的部分。"要求各级政府采取果断措施，对所检举的贪污分子从严从快惩处，任何人不得隐瞒、庇护，否则，就会给革命带来更大的危害。要求杜绝一切浪费现象，对于浪费者，除依照财政条例罚款外，责令其所在机关赔偿。

到了延安时期，面对一些干部中出现的贪污、浪费、赌博等现象，毛泽东更是严厉提出："如再有这类现象发生，必须严申纪律，轻者批评，重者处罚，决不可对他们纵容，反而美其名曰'宽大政策'。"他

做党的光荣传统和
优良作风的忠实传人

要求全党在整顿"三风"中,"必须毫不犹豫地执行"这种不宽容政策;对那些在思想和作风上"起了霉"的干部,"要在太阳底下晒一晒才能恢复健康"。

在延安整风运动中,毛泽东多次引用农民起义胜利后又失败的教训,叫同志们引以为戒,不要重犯。1940年,劳苦功高、身上有80多处战斗伤疤的老领导——边区贸易局副局长肖玉壁,公然贪污3000多元大洋。案发后,军区政府依法判处他死刑。肖玉壁以功臣自居,写信向毛泽东求情。毛泽东没有看信,沉思了一阵后,对带信的林伯渠说:"你还记得我怎样对待黄克功吧?"林伯渠说:"忘不了!"毛泽东接着说:"那么这次和那次一样,我完全同意法院的判决。"

延安时期,毛泽东领导抗日根据地军民进行了卓有成效的反腐败斗争,仅1939年至1941年上半年,陕甘宁边区就查出贪污案件1157件,惩治了一批腐败分子,有效地遏制了腐败现象的蔓延,使中国共产党及其领导下的军队在延安乃至全国的威望大大提高。

1943年10月1日,毛泽东在《开展根据地的减租、生产和拥政爱民运动》一文中说:"在一切党政军机关中讲究节省,反对浪费,禁止贪污。"

1945年1月10日,毛泽东在陕甘宁边区劳动英雄和模范工作者大会上的讲话中指出:"任何地方必须十分爱惜人力物力,决不可只顾一时,滥用浪费。任何地方必须从开始工作的那一年起,就计算到将来的很多年,计算到长期坚持战争,计算到反攻,计算到赶走敌人之后的建设。一面决不滥用浪费,一面努力发展生产。过去有些地方缺少长期打算,既未注意节省人力物力,又未注意发展生产,吃了大亏。得了这个教训,现在必须引起注意。"

1945年4月24日,毛泽东在中国共产党第七次全国代表大会上作的《论联合政府》的政治报告中指出:"在推进解放区的各项工作时,必须十分爱惜当地的人力物力，任何地方都要作长期打算，避免滥用和浪费。这不但是为着打败日本侵略者，而且是为着建设新中国。"

毛泽东一生具有强烈的忧患意识，在革命取得胜利之际，他的忧患意识更加强烈。1949年3月5日，毛泽东在七届二中全会上向全党敲的警钟："因为胜利，党内的骄傲情绪，以功臣自居的情绪，停顿起来不求进步的情绪，贪图享乐不愿再过艰苦生活的情绪，可能生长。因为胜利，人民感谢我们，资产阶级也会出来捧场。敌人的武力是不能征服我们的，这点已经得到证明了。资产阶级的捧场则可能征服我们的队伍中的意志薄弱者。可能有这样一些共产党人，他们是不曾被拿枪的敌人征服过的，他们在这些敌人面前不愧英雄的称号；但是经不起人们用糖衣裹着的炮弹的攻击，他们在糖弹面前要打败仗。"

毛泽东的警告言犹在耳，但政府机关里的贪污、浪费、官僚主义现象开始严重滋长，有的干部堕落变质。毛泽东决定发动广大人民群众，在党、政、军机关内部开展反贪污、反浪费、反官僚主义（简称"三反"）运动。这是中国共产党执政后针对自己开展的第一场反腐倡廉的运动。

1951年11月30日，中共中央根据同年秋季全国工农业战线开展的爱国增产运动中揭发出的大量贪污、浪费现象和官僚主义问题，向全党指出：必须严重地注意干部的贪污行为，注意发现、揭发和惩处。1951年12月1日，中共中央作出《关于实行精兵简政、增产节约、反对贪污、反对浪费和反对官僚主义的决定》，把反贪污、反浪费、反官僚主义作为贯彻精兵简政、增产节约这一中心任务的重大措施，要求普遍地检查贪污、浪费和官僚主义问题。

1951年12月8日，毛泽东对"三反"运动发出了重要指示："应把反贪污、反浪费、反官僚主义的斗争看作如同镇压反革命的斗争一样的重要，一样的发动广大群众包括民主党派及社会各界人士去进行，一样的大张旗鼓去进行，一样的首长负责，亲自动手，号召坦白和检举，

做党的光荣传统和
优良作风的忠实传人

轻者批评教育,重者撤职、惩办,判处徒刑(劳动改造),直至枪毙一批最严重的贪污犯,才能解决问题。"此后,一个全国规模的"三反"运动普遍地开展起来。

1952年1月4日,中共中央发出《关于立即限期发动群众开展"三反"斗争的指示》,要求各单位立即按限期发动群众开展斗争。很快,在全国出现了一个群众性的检查和揭发的高潮,"三反"运动进入高潮。

1952年2月1日,北京市召开公判大会,由最高人民法院对7名大贪污犯进行宣判,其中两人被判处死刑。2月10日,伴着两声振聋发聩的枪响,历经硝烟炮火的革命功臣刘青山、张子善倒在了新中国反腐第一枪下,宣示着中国共产党对贪污腐败绝不容忍、毫不姑息的态度。

对于刘、张案件的了解,如今很多人仅限于"新中国反腐第一案"的概念。但查阅刘、张案的判决书,就会发现这两个人的罪行令人触目惊心——

> 1950年到1951年短短一年时间里,刘、张利用职权盗窃机场建筑款、救灾粮、治河款、干部家属救济粮、地方粮及剥削克扣民工工资、骗取银行贷款等共达171.6272亿元旧币(约折合人民币171.6272万元)……

在今天看来,也许171万多元的数字并不巨大,但按当时的币制标准和市场物价指数换算,这笔钱可谓巨款。

据资料显示,当时每斤面粉0.103元(今人民币,下同),大米0.094元,小米0.075元,玉米0.05元,花生油0.45元,鲜猪肉0.57元,鸡蛋每个0.04元;1953年国家救济标准:每月一口人5元;两口人8元;三口人10元;三口以上每增加一口人,增加2元;每户最高不超过15元。由此可见,171万多元在当时是个多么惊人的数字。

如果折合成黄金，171万多元在当时可以购买将近一吨！

刘青山、张子善都是党的高级领导干部，无论是在抗日战争还是在解放战争中，都曾进行过英勇的斗争，经受过严峻的考验，为党为人民做过很多有益的工作，为中华民族独立和新中国成立建立过显著功绩。

从刘青山的"日伪曾以1500块大洋悬赏拿他"，到张子善的"因叛徒出卖而被捕受到严刑拷打"，他们都显示了一个革命者的坚定信念。但是，两位出生入死的革命功臣，在革命胜利面前，不是继续保持革命的气节，而是躺在自己的功劳簿上，革命意志消沉，居功自傲，贪图享受，腐化堕落。就如刘青山常说："天下是老子打下来的，享受一点还不应当吗？""革命胜利啦，老子该享受享受啦！"正是这种享乐思想，使两位革命功臣滑向了犯罪的泥潭。

刘青山在担任天津地委书记的两年多时间里，极少在地委办公场所出现，而是长期以"养病"为由住在位于天津城内的马场道18号的一栋典雅考究的二层小洋楼内，该楼因而被人们称之为"刘公馆"。刘青山在吃上极其讲究，大冬天里非要吃韭菜馅饺子，厨师不得不到北京郊区四季青暖房里买来韭菜。可包饺子的时候他又嫌韭菜不好消化，逼得厨师只得把一整根韭菜洗干净后，不下刀就直接包在饺子里，外面露出一小截韭菜白，等煮熟了再顺着韭菜白把韭菜抽出来，使饺子只留下韭菜的鲜味而吃不着韭菜。刘青山追求的生活享受远远不只在"吃"上，他还在坐汽车上追求奢华。天津地委当时只有一辆战争中缴获的美式吉普，这辆车就成了刘青山的专车。而他住进马场道18号后，嫌破旧的美式吉普配不上天津城的繁华，干脆动用3亿多元（旧币，1元人民币相当于1万元旧币）公款，从香港买了两辆美国高级轿车。

与整日不去机关、对奢靡作风毫不遮掩的刘青山相比，坐镇地区行署的张子善，其挥霍铺张程度丝毫不比刘青山逊色。张子善在审查中交代，他每个月光高档香烟就要吸八九条，衣着由粗布到细布再到皮毛，

饮食先是非细粮不可,再到酒肉必备,行则非轿车不坐,两年时间里竟然换了五辆小轿车……

在是否枪决刘青山、张子善问题上,毛泽东说,正因为他们两人的地位高,功劳大,影响大,所以才要下决心处决他们。只有处决他们两个,才可能挽救二十个、二百个、两千个、两万个犯有各种不同程度错误的干部。非杀不可,挥泪斩马谡,这是万不得已的事情。

刘青山、张子善贪腐案件是建国之初反腐败的第一大案,史称"开国第一刀"。这起案件的发生和处理,直接推动了全国性"反贪污、反浪费、反官僚主义"斗争的兴起和深入发展,掀起了共和国历史上第一场反腐肃贪风暴。事后老百姓说,这两个人头换来了中国官场至少20年的廉政。

从这起大案,中国共产党进一步认识到抵御腐朽思想侵蚀的紧迫性和加强执政党建设的重要性。刘青山、张子善被执行枪决两个月后,《中华人民共和国惩治贪污条例》出台,成为新中国第一部专门惩治贪污腐败的法律条例。

1952年10月,中共中央批准了中央政策研究室《关于结束"三反"运动的报告》,经审理,最后共有9942人判处有期徒刑,67人判处无期徒刑,9人判处死刑缓期执行,42人判处死刑。

在毛泽东的领导下,"三反"运动取得了重大胜利。这场运动清除了一批腐化分子,教育挽救了一批干部。影响所及,使旧社会遗留下来的污毒受到了一次前所未有的荡涤,整个社会风气曾为之一新。

1956年11月,中国共产党在八届二中全会提出厉行节约、反对浪费的方针,号召全国人民都要实行增产节约,反对铺张浪费。毛泽东说:"这不但在经济上有重大意义,在政治上也有重大意义。"确实如此,当时人们摆脱了铜臭的污染,不仅反掉了贪污浪费,加强了勤俭建国的观念,而且提高了道德水平,许多事情已不受金钱至上的驱使,这使人们对糖衣炮弹的警惕增加了感性的认识,从而改善了人和人之间的关系,全国人民更加团结了。

在 1957 年 2 月召开的最高国务会议第十一次（扩大）会议上，毛泽东发表了《关于正确处理人民内部矛盾的问题》的讲话，也就是在这次讲话中，以毛泽东为代表的中共中央将勤俭建国明确确立为治国的根本指导方针。因为"我们要进行大规模的建设"与"我国还是一个很穷的国家"之间是一个矛盾，而解决这个矛盾的方法就是"全面地持久地厉行节约"。

中共中央 1963 年 3 月 1 日颁发《关于厉行增产节约和反对贪污盗窃、反对投机倒把、反对铺张浪费、反对分散主义、反对官僚主义运动的指示》，又一次在全国范围内，掀起了以增产节约为核心的整肃运动。尽管通过大规模群众性运动的方式来增产节约，可能存在一些局限，但从这些运动也可以看出，毛泽东反对浪费、厉行节约的坚定信念，反映出中国共产党的阶级本色。

在人类的历史长河中，能够为世人称道的廉政时期并不多见。毛泽东主政的 1949—1976 年，是中国共产党人廉洁从政的光荣岁月。那时并非没有腐败现象，而是整个社会具有浓厚的廉政氛围，腐败现象没有市场，处于"露头即被打"的状态，相比于此前此后，腐败分子数量少，腐败程度低。

政声人去后。1979 年邓小平说："我们建国以后的十多年中，由于党和政府的正确领导，社会风气是健康的。"那个时候"中国的社会风气是非常好的"。1993 年江泽民说："建国初期，我们党在扫除旧社会的污泥浊水、保持党和国家机关清正廉洁方面，取得了举世公认的成就。"的确，毛泽东主政时期取得的反腐倡廉成就，与世界反腐倡廉史上任何一个成功范例相比，均毫不逊色。

毛泽东以其伟大的思想和非凡的才干，领导中国共产党和中国人民实现了民族独立、国家统一，建立了社会主义新中国，也为新中国的廉

做党的光荣传统和
优良作风的忠实传人

政建设打下了坚固的基础。如今回顾和借鉴毛泽东反腐败反浪费的基本经验，对于当前加强反腐倡廉建设、实现国家长治久安无疑具有重要意义。

四、"只要我当一天总理，就不盖政府大楼"

近年来，尽管中国改革开放取得了巨大的成就，但中国依然属于发展中国家，与发达国家还存在很大差距，这是中国的基本国情。因此，自力更生，艰苦奋斗，必然还是我们建设中国特色社会主义的根本之路。

但是，当前有些干部思想观念里却奉行"享乐主义"，思想空虚，精神萎靡，贪图享受，动辄就比谁的房子多、谁开的公车气派、谁的办公室豪华、谁喝的公酒高档，早就丢掉了艰苦奋斗这个党的优良传统。

中国自古就有"官不修衙"的说法。可如今有些地方政府的办公楼，越建越豪华、越气派，其奢靡程度令人咋舌。比如，山东省济南市政府办公楼龙奥大厦耗资40亿元，建筑面积达36万平方米，被称为"全世界仅次于五角大楼的第二大单体建筑"，有40余部电梯，里面走廊周长1公里，光电话和电脑信息点插座就有45000个；浙江省长兴县政府办公楼投入超过20亿元，大楼内包括52个机关部门，800多人办公，被称为"世界第一县衙"……

其实，修建豪华办公大楼的现象，并非只有这些发达省市才有，在一些国家级别贫困县也屡见不鲜。比如，宁夏彭阳县办公大楼总投资为9193.4万元，该县全年财政收入为2亿多元。也就是说建个政府大楼，当地一年的财政收入就被花掉了近半。此外，河南台前县、陕西省汉阴县、内蒙古宁城县、陕西省延川县也都建造了与实际级别严重不符的政府办公大楼。其中，陕西省汉阴县国土资源局的办公楼花费近千万元，内蒙古宁城县政府的办公大楼造价约2亿……

客观地说，有些地方个性十足的政府豪华办公楼，的确很能展现当地政府的"形象"。但却常常与当地破败的民房、寒酸的校舍、贫困的孩子，以及公众教育、医疗、养老和住房保障的缺失形成鲜明的反差。这种"再穷不穷机关、再苦不苦领导"的现状，一次次刺痛了公众敏感的神经。

这些豪华办公楼，不禁让人想起20世纪50年代周恩来不愿盖国务院大楼的往事。新中国刚成立时，有人认为掌权了，条件好了，应该盖一些楼堂馆所，搞得气派一些、豪华一些。对此，周恩来坚决不赞成。他曾对薄一波说："连清朝最后一个摄政王载沣办公的地方也只有东华厅、西华厅；办事的大员只有四五个人，他的衙门总共不过十几个人。我们共产党是为人民服务的，应该艰苦奋斗，不能比阔气，讲享受。过去革命战争年代靠它，今天创大业更要靠它。"

当时国务院办公的地方是老式旧平房，光线暗，面积狭小。1956年，有人又提议修建国务院政府办公大楼，并选好了地址、做好了规划。周恩来没有同意，并一再严肃地表示："在我任总理期间，决不修建政府大厦，你们要把大兴土木的念头取消，国务院不能带这个头！"以后，他在国务院会议上，一有机会便要以此为例，告诫大家要经常警惕和反对"贪大""铺张"、讲求"排场"。他要求国务院要带头艰苦奋斗，勤俭建国，树立共产党人的作风。

周恩来还说，我们的国家还很穷，应该把有限的财力物力用到搞建设、发展生产上，用到改善人民的生活上，而不是把钱花到大兴土木盖办公楼和招待所上。必须十分珍惜有限的财力物力，要发扬节约每一分钱、每一粒米、每一滴水的精神，把"钢"用到刀刃上。

周恩来这种勤俭建国、艰苦奋斗的思想，在今天依然值得秉承。2013年7月，中共中央办公厅、国务院办公厅印发《关于党政机关停止新建楼堂馆所和清理办公用房的通知》，要求"各级党政机关要大力弘扬艰苦奋斗、勤俭节约的优良作风，认真贯彻落实中央八项规定精神，树立过紧日子的思想，全面停止新建楼堂馆所，规范办公用房管理，切

做党的光荣传统和
优良作风的忠实传人

实把有限的资金和资源更多用在发展经济、改善民生上"。可是，有些地方为修建豪华办公楼，不惜弄虚作假，比如未批先建、先斩后奏，或"搭车"上路、暗度陈仓，甚至移花接木、偷梁换柱……

与此同时，全国各地党政机关对面积超标办公用房清退。但有些地方不仅存在搞变通、糊弄数据交差的情况，还出现了严重的"二次浪费"现象。

人员合并办公是基层单位使办公用房面积达标最常见的方式之一。即在面积较大的办公室放上几套桌椅，其实并没有人办公。有的办公桌"就是挂个名"，其实长期无人使用，被挂名的一般是退居二线或长期病假的同志。

打隔断是另一种常见的方法。有些单位给超标的领导办公室打隔断，将多余面积隔成"会议室""接待室"等。但事实上，其他工作人员不可能到这里搞"接待"，因此这部分面积实际上仍是该领导使用。而且，打隔断又会带来新的支出，如隔出新办公室要重新购置空调；再如有的大办公室隔成小办公室后，原有的大办公桌、大书柜、大沙发放不下，只能重新购置小型办公设备。

更有甚者，一些单位为了达标，干脆把墙体加厚，把超标的面积覆盖，不但损失办公室空间，还增加改造成本。而更大的浪费现象还在于，目前多数地方公布办公用房的清退数字都很笼统，只涉及单位总人数和清退总面积，对清退出来的房子作何用途未作进一步说明。从实际来看，还是大量"落锁闲置"。

对于办公用房，早在1999年12月21日，原国家发展计划委员会就下发文件《党政机关办公用房建设标准》，明确规定了各级领导干部办公室的使用面积标准。随后，相关文件下发多个，但超标现象依然存在。

这种现象存在的原因在于，有的干部存在特权思想，追求奢华享受，互相攀比；有的认为办公用房并不是占为私有，法律不会追究到自己；

有的认为"法不责众",对办公用房超标现象习以为常。还有的地方,下级看上级,一层看一层,上级领导没有实质举动,下级也不动,这些心态都易让清退流于形式。

"奢靡之始,危亡之渐"。有效禁止修建豪华办公楼、整治超标办公用房,艰苦奋斗、勤俭节约、务实重行的优良作风才会弘扬,蓬勃朝气、昂扬锐气和浩然正气才会勃兴,干部清正、政府清廉、政治清明目标才有望实现。

五、奢靡之风有损中国共产党的执政基础

近年来,中国政府行政成本过高是一个不争的事实。虽然政府为控制行政支出过高三令五申,每次全国"两会"期间均有代表委员"讨伐"行政支出问题,但是政府行政成本过高现象似乎愈演愈烈。

从权威统计数据的预算内来看,中国行政管理支出增长也比较快。据国家统计局数据,1995—2006年,国家财政支出中行政管理费由996.54亿元增加到7571.05亿元,12年间增长了6.60倍;行政管理费用占财政总支出的比重在1978年仅为4.71%,1995年为14.60%,到2006年上升到18.73%。

从国际横向来看,据全国人大代表叶青介绍,拿上述2006年预算内的行政管理费占财政总支出的18.73%这一比例去比较,远远高出日本的2.38%、英国的4.19%、韩国的5.06%、法国的6.5%、加拿大的7.1%以及美国的9.9%。

而事实上,造成中国行政成本居高不下的主要原因,除修建豪华办公楼,其他原因还有很多,比如有些地方一顿"公饭"吃掉一个农民一年的收入、一辆"公车"一年耗费20万元、一项"检查评比"活动耗资上百万元……

做党的光荣传统和
优良作风的忠实传人

从中央到地方,近年来都对"三公消费"有着严格的禁令、明确的约束。《党员领导干部廉洁从政若干准则》也对"三公消费"提出了明令禁止,各地也有诸如严禁工作日中午饮酒、严禁公车私用、严禁公费出国(境)等方面的措施和规范。虽然禁令不少、准则也很严,但是现实情况却是,一些党员领导干部仍然沉醉在酒杯中、安乐于屁股下、陶醉在游玩里,以致"三公消费"奢靡腐败现象,在相当长一段时间普遍地存在着、甚至蔓延着。

2013年1月,习近平总书记在新华社一份《网民呼吁遏制餐饮环节"舌尖上的浪费"》的材料上作出重要批示,要求严格落实各项节约措施,坚决杜绝公款浪费现象,使厉行节约、反对浪费在全社会蔚然成风。

习近平总书记这一重要批示,表明了中央厉行勤俭节约、反对铺张浪费的鲜明态度和坚定决心,体现了中央关心群众生活、注重改善民生的为民情怀。

其实,中国共产党早已深刻认识到奢侈浪费的危害性,历代领导人都重视在领导干部队伍中开展反腐败、反浪费的斗争,甚至把这个问题提升到官德和党性的高度去认识。毛泽东曾严正指出:"贪污和浪费是极大的犯罪。"

1987年11月11日,邓小平会见朝鲜政务院总理李根模时说:"下个世纪中叶,21世纪50年代,中国将发展到一个中等发达国家的水平。现在100年已经过去38年,还有62年,所以说我们的路还很长。以后的62年,我们还要夹着尾巴做人,要很谨慎,并且要艰苦奋斗,艰苦奋斗还是要讲,一点不能疏忽,要勤俭办一切事情,才能实现我们的目标。"

1997年1月29日,江泽民在中共中央纪律检查委员会第八次全体会议上讲话时告诫全党:"奢侈浪费既是消极颓废的表现,也是腐败问题得以产生和蔓延的温床,如果现在再不引起大家的高度重视,不坚决加以整治，后果不堪设想。"

2006年12月5日，胡锦涛在中央经济工作会议上讲话时，要求各级党政机关和广大干部要始终牢记"两个务必"，大力发扬艰苦奋斗和勤俭节约的精神。"要认认真真察民情，诚诚恳恳听民意，实实在在帮民富，兢兢业业保民安。坚决反对铺张浪费和大手大脚，坚决反对拜金主义、享乐主义和奢靡之风。"

然而，近年来一些党政机关讲排场、比阔气、奢侈浪费现象愈演愈烈。在有些人看来，艰苦奋斗就是"吃粗粮、打补丁"。如今生活富裕了，艰苦奋斗与展示成就、展示国力、展示形象相矛盾。有些人认为，促进发展、拉动内需、刺激消费与艰苦奋斗相冲突，"奢靡浪费也是在为经济发展做贡献"。这些认识上、思想上存在的误区，导致奢靡之风如影随形。

有些单位在兴建办公大楼时，唯恐落后于人，赶不上潮流和时尚，纷纷扩大建筑面积、提高装修标准，导致"豪华病"蔓延。部分单位在公务接待时，唯恐不上档次、没有品位而令"上级领导"不悦，力图通过超规格、超标准接待拉近距离、联络感情、协调关系，由此导致接待规格、接待标准不断提高。

在现实中，有些党员干部更是信奉享乐主义，他们人生的意义就在于追求个人的物质享受，满足生理本能和感官刺激。以享乐作为人生取向、价值追求，信守今朝有酒今朝醉，奢靡之风的滋长就在所难免。

在这种背景下，中央近年来陆续出台了《中国共产党党员领导干部廉洁从政若干准则》《关于党政机关厉行节约制止奢侈浪费行为的若干规定》等规定。但是，党政机关奢靡之风并没有完全刹住。2010年，全国审计机关共审计和调查15.7万多个单位，通过上缴财政、减少财政拨款及归还原渠道资金等促进增收节支2099亿元。这一"正面"成绩，正折射出背后问题的严重性。

做党的光荣传统和
优良作风的忠实传人

在中国历史上,"成由勤俭败由奢"的案例数不胜数。其中,开创封建社会盛世的唐王朝便是一例。玄宗初期,上下励精图治,力推"开元之治",使唐之中国成为世界经济文化中心。然而,成功面前,统治阶层开始贪图享乐、沉溺酒色。红尘妃子笑荔枝,引发安史之乱,直接导致唐王朝由盛而衰直至灭亡。

中国共产党得民心、赢天下,靠的是与老百姓同甘共苦;取得今天的辉煌成就,靠的是团结和带领全国各族人民艰苦奋斗。如果任由奢靡浪费之风盛行,危害不可小觑。一是会弱化党自身的凝聚力,拉开党与人民群众的距离,弱化整个民族的"精气神"。二是会进一步凸显贫富差距之悬殊,加剧社会情绪不满和对立。三是会助长浮躁之风。奢靡浪费之风,会激发炫耀攀比之风;炫耀攀比之风,会进一步激发本已甚嚣尘上的浮躁之风。热钱涌动、投资短视、学术造假、选秀风行,踏踏实实做事的人少了,梦想一夜暴富、一夜成名的人多了。一些领导干部心浮气躁、急功近利,只顾眼前利益、不顾长远利益,追求表面政绩、不问民生疾苦,乐于迎来送往、无意深入群众,板凳尚未坐热、就想提拔晋级。整个社会缺乏一种厚重的文化、稳健的气质、埋头苦干的精神。

在这样严峻的形势下,党的十八大作了明确部署,要求"坚持以人为本、执政为民,始终保持党同人民群众的血肉联系",强调"坚持艰苦奋斗、勤俭节约,下决心改进文风会风,着力整治庸懒散奢等不良风气,坚决克服形式主义、官僚主义,以优良党风凝聚党心民心、带动政风民风"。

2013年4月19日,中共中央政治局召开会议指出,有的领导机关、领导班子和一些领导干部形式主义、官僚主义、享乐主义突出,奢靡之风严重。

2013年6月18日,中央在北京召开中国共产党的群众路线教育实践活动工作会议。习近平总书记在会议上强调,这次教育实践活动的主要任务聚焦到作风建设上,集中解决形式主义、官僚主义、享乐主义和奢靡之风这"四风"问题。要对作风之弊、行为之垢来一次大排查、大检修、大扫除。

最近几年，中国各级纪检监察机关采取多种方式，畅通监督举报渠道，提高群众参与纠正"四风"的积极性；同时，积极加大明察暗访力度，纠正、查处了一批违反中央八项规定精神问题，严肃追究了一批领导干部的纪律责任。

据统计数据显示，自八项规定实施以来，全国共查处违反中央八项规定精神的问题 7 万多起，处理党员干部近 10 万人，给予党纪政纪处分近 3 万人。其中，2014 年以来共查处违反中央八项规定精神的问题近 5 万起，处理党员干部 6 万多人，给予党纪政纪处分 2 万多人。

中央在"拍苍蝇""打老虎"继续保持高压态势的同时，转向治标与治本相结合，通过查处的典型腐败案例，查找发生腐败问题的原因，通过反腐败制度建设，逐步弥补制度漏洞，"避免更多的'苍蝇老虎'跌入腐败的深渊"。

当然，"苍蝇老虎"被查不是反腐败成效的唯一指标。自党的十八大以来，领导干部"不敢腐"已初见成效，党政机关奢侈浪费之风大为收敛。

但也要看到，作风建设永远在路上，反腐力度再大，也还有个别党员干部怀有侥幸心理而"不收敛不收手"，这主要源于信息不够公开透明、缺乏有效的监督机制。其中，监督环节是核心，群众力量尚未充分发挥。

近年来，贫困县建豪华"天安门"办公楼、央企"天价吊灯"等一批奢侈浪费事件被曝光，无不是群众自发地通过各种方式举报的结果。由此可见社会监督力量之强大。因此，当前政府除加大信息公开力度外，还须进一步把遏制奢侈浪费的参与权和监督权更多地交给群众，注重由群众反映突出、中央极为重视的领域入手，提高遏制奢侈浪费的现实针对性和实效性。

做党的光荣传统和
优良作风的忠实传人

一方面，应严格控制和压缩行政经费。各级财政预算安排的"三公"支出，进一步削减。2014年7月16日，《关于全面推进公务用车制度改革的指导意见》和《中央和国家机关公务用车制度改革方案》下发。按照新方案，中国取消一般公务用车，普通公务出行社会化，适度发放公务交通补贴。这项制度的实施，需要进一步完善细化，杜绝成为一些地方变相涨工资的手段。

还需要大量减少因公出国出境组数和人数。公务出差、公务接待还应严格控制经费，严格执行标准，严禁赠送礼品。外事接待严格执行标准，控制规模。尤其是制定具体办法，狠抓落实，加强监督检查，不走过场。

另一方面，全面推行国库集中收付和"公务卡"改革。清理部门银行账户，部门开设银行账户由财政部门严格审批，使部门所有账户都受到监控。杜绝任何部门让下属单位代存代管资金，彻底堵住"小金库"的生存土壤。

同时，各级政府财政总预算和总决算、部门预算和决算，以及政府性基金、国有资本经营等方面的预算和决算，要全部向社会公开。特别是各部门出国出境、出差、公务接待、公务用车、会议等支出，要向社会详细公开。各类预算执行和决算的审计报告也要向社会公开，让群众更方便地了解和监督政府工作。

此外，会议经费预算要单列，并严加控制。未经批准，不能以政府或部门名义和使用财政资金举办各类论坛、研讨会；经批准举办的，要纳入财政预算，接受财政监督。清理压缩各类节庆活动和表彰活动。大力减少发文数量，凡不涉密的文件，应通过政府门户网站公开发布，不再另行发文。

只要制度严格执行到位，充分调动群众的反腐积极性，并做好体制内监督和体制外监督的有机衔接，奢靡之风就必将无处可遁。

六、年轻干部要接过艰苦奋斗的接力棒

中国共产党是中国工人阶级的先锋队，同时是中国人民和中华民族的先锋队。共产党员是工人阶级的先锋分子，必须吃苦在前，享受在后，每一个共产党员特别是领导干部只有永远保持艰苦奋斗的优秀品质，杜绝贪图享乐、骄奢淫逸的思想，才能永葆共产党人的先进性。

一个人具备了艰苦奋斗精神，就意味着具备了一种百折不挠、顽强拼搏的坚韧斗志；一种自强不息、勇往直前的进取精神；一种不怕牺牲、忘我奉献、不懈追求的坚强毅力；一种埋头苦干、勤勤恳恳的务实作风；一种常怀忧患、居安思危的清醒态度；一种富贵不淫、贫贱不移的高尚情操。

无论是在艰难困苦的逆境之中，还是在条件优裕的顺利之时，这种精神都不会过时，也不应当过时。

众所周知，举世闻名的二万五千里长征，红军将士面对数十倍于己的国民党军队的围追堵截和极其险恶的生存条件，不怕困难，不畏艰险，不怕流血，不畏牺牲，最终胜利到达陕北。新中国成立以来，涌现了焦裕禄、孔繁森、郑培民等一大批艰苦奋斗、严于律己的模范典型，艰苦奋斗正是他们战胜一切困难，抵制腐朽思想，保持蓬勃朝气、昂扬锐气和一身正气的法宝。

"面对着当前严重的自然灾害，我们有革命的胆略，坚决领导全县人民，苦战三五年，改变兰考的面貌。不达目的，我们死不瞑目。"这是几十年前，焦裕禄对河南兰考人民作出的庄严承诺。

"敢叫日月换新天""革命者要在困难面前逞英雄"，今天我们回首焦裕禄，依然能够强烈感受到在风沙中、在盐碱地上、在内涝面前，中国共产党人那一股战天斗地、永不退缩的奋斗精神。

"虽然焦裕禄离开我们50年了，但焦裕禄精神是永恒的。"2014

做党的光荣传统和
优良作风的忠实传人

年3月17日,习近平总书记在河南兰考调研指导党的群众路线教育实践活动时指出,要学习弘扬焦裕禄同志"敢叫日月换新天""革命者要在困难面前逞英雄"的奋斗精神。

但近年来,随着生活水平的提高,艰苦奋斗、勤俭节约的优良传统被一些领导干部淡忘了,享乐主义暗中滋长,挥霍浪费的现象时有出现。他们认为,今天的中国已经很有钱了,不需要艰苦奋斗了。于是,就有一些人摆阔气、讲排场、比奢华,比如有的接待宴会,菜吃一半、倒一半;有的会议庆典,住星级酒店、发高档礼品;有的楼堂会所,贪大图洋、气派非凡……

那么,中国有钱吗?是!2010年国内生产总值首次超过日本,已成为世界第二大经济体,财政收入也达8.3万亿元。中国人富裕吗?不!目前中国人均国内生产总值4000多美元,仅为日本的十分之一,位列全球100位左右。

2015年11月3日,国家发展和改革委员会主任徐绍史在谈及减贫问题时指出,目前中国贫困人口共有7017万人。从区域来讲,有14个集中连片特困地区,有592个国家扶贫开发重点县。

可见,目前中国还只是实现了"初步富裕",中国经济社会发展任务繁重,基本公共服务也有待提高,一些地方民生建设短板亟待补足,还要面对人口多、资源少、底子薄、任务重等一系列困难和挑战,所以,中国共产党人理应继续保持艰苦奋斗、厉行节约的作风,容不得奢侈浪费。

实现中华民族的伟大复兴,是一项前无古人的伟大创举。梦想仍在前方,中国共产党"赶考"远未结束。生于忧患,死于安乐。党要在未来领导全国人民实现中华民族的伟大复兴,就必须选择艰苦奋斗。

"历尽天华成此景,人间万事出艰辛。"世界上没有哪种美好的理想可以靠空谈实现;没有实干,再美好的蓝图、再宏伟的目标,到头来都只能是镜花水月。因此，艰苦奋斗"过时论"，既毫无根据，也是十分错误的。

我们必须承认，"奋斗"的目的是为了过上更加富裕、更加美好的生活，强调"艰苦"会不会让"奋斗"失去意义呢？

一说到艰苦奋斗，不自然的就会将思绪拉回到民不聊生的战争年代，其实不然，艰苦奋斗从不过时，它是我们应始终坚持的一种美德，它才是时尚。只是如今的艰苦奋斗不需要劳筋骨、饿体肤，需要的是珍惜、感恩、回报。

而事实上，中国共产党所强调的艰苦奋斗，既是一种生活方式、生活作风，更是一种工作作风和精神状态。生活方式当然会随经济社会的发展而变化，但良好的工作作风和精神状态在任何时候都必须保持。

从这方面讲，"艰苦"是一个相对的概念，在不同的条件下，即使是物质生活层面的"艰苦"，也会有不同的标准。但从另外一方面来讲，"艰苦"也是一个绝对的概念，因为中国共产党奋斗的目的，就是为了广大的人民群众过上好日子。

因此，中国共产党强调"艰苦"，并不是否定合理的物质利益和享受，而是要反对那种脱离国情、脱离生产力发展水平的超前消费和奢侈浪费，是要杜绝骄奢腐化等歪风邪气对党的肌体的侵蚀。

更何况，"奢靡之始，危亡之渐"，人的欲望是"无底洞"，过于追求物质享受，就会意志消沉、精神萎靡，丧失奋发向上的精神动力。领导干部一旦沉迷于奢靡的生活，必然会逐步走向腐败。从而对社会风气产生恶劣影响，势必严重损害党群干群关系，削弱党的执政基础和执政地位。

艰苦奋斗，对中国共产党人来说不仅是物质条件上的考验，更多的是意志和精神上的砥砺，它表现为志存高远、克己奉公的人生境界，吃苦在前、享受在后的公仆情怀，昂扬向上、奋发图强的精神风貌，坚韧

不拔、求真务实的工作作风,简约朴素、吃苦耐劳的生活态度,清廉自守、洁身自好的政治品格。

党在十八大后,中央雷厉风行地整治"四风",重塑共产党人"为民、务实、清廉"的价值取向,是因为这六个字集中体现了中国共产党在长期革命实践中形成的为人民服务、实事求是、艰苦奋斗的优良作风。

在新时期,只要把握艰苦奋斗的时代内涵,大力弘扬艰苦奋斗精神,抵制住享乐主义、特权思想、奢靡之风的侵蚀,中国共产党就能团结和带领广大人民群众,克服发展道路上的一切困难,永不停步地前进。

主要参考书目及文献

1. 钟国兴:《从第五项修炼到学习型政党》,中共中央党校出版社,2010年10月版。
2. 高世琦:《中国共产党干部教育世纪历程》,党建读物出版社,2013年5月版。
3. 《革命年代 共产党人以生命诠释"永不叛党"》,《解放军报》,2016年5月11日。
4. 李松:《不能丢掉的优良传统》,新华出版社,2016年6月版。
5. 胡静:《不忘初心的誓言——谈入党誓词的发展变迁》,《中国纪检监察》杂志,2016年7月版。
6. 张荣臣、谢英芬:《向我开炮:开展批评与自我批评的艺术与方法》,中共中央党校出版社,2014年3月版。